LIBRO DEL ALUMNO

Bienvenidos de nuevo

A1+/A2

Español para Profesionales | Turismo y Hostelería

Aurora Centellas (coordinadora)
Elena Palacios
Margarita Goded
Ana Hermoso

Audio descargable

INCLUYE LIBRO DIGITAL
blink Learning

enCLAVE ELE

Equipo editorial: enClave-ELE

Autores: Elena Palacios, Aurora Centellas, Ana Hermoso, Margarita Goded, Raquel Varela
Coordinadora: Aurora Centellas

Diseño: ATyPE, S.A.
Puesta en página: Diseño y Control Gráfico
Cubierta: Diseño y Control Gráfico

Fotografías: © Shutterstock; pág. 9: 1000 Words/Shutterstock.com; Martynova ANNA/Shuttersock; 1000 Words/Shutterstock.com; Anton Havelaar/Shutterstock.com; pág. 12: Alexandre Rotenberg/Shutterstock.com; pág. 18: Dutourdumonde Photography/Shutterstock.com; pág. 22: Floral Deco/Shutterstock.com; ChameleonsEye/Shutterstock.com; pág. 55: jorg Hackemann/Shutterstock.com; pág. 56: Tupungato/Shutterstock.com; pág. 60: jorg Hackemann/Shutterstock.com; pág. 63: J2R/Shutterstock.com; pág. 70: Cedric Weber/Shutterstock.com; Kiev.Victor/Shutterstock.com; pág. 89: Fedor Selivanov/Shutterstock.com pág. 95: Christian Bertrand/ Shutterstock.com; pág. 96: toniflap/Shutterstock.com; Matthew Dixon/Shutterstock.com; pág. 97: Iakov Filimonov/Shutterstock.com; pág. 102: popova_valinoya/Shutterstock.com; pcruciatti_Shutterstock.com;

Estudio de grabación: Voces de cine

Agradecimiento: a Nuria Álvarez Auñón y a Leticia Santana, por revisar esta edición.

de esta edición, © enClave-ELE, 2023

ISBN: 978-84-16108-39-8
Depósito legal: M-34806-2016
Impreso en España
Printed in Spain

Cualquier forma de reproducción, distribución, comunicación pública o transformación de esta obra solo puede ser realizada con la autorización de sus titulares, salvo excepción prevista por la ley. Diríjase a CEDRO (Centro Español de Derechos Reprográficos, www.cedro.org) si necesita fotocopiar o escanear algún fragmento de esta obra.

Descripción breve de la estructura del libro

Bienvenidos de nuevo es un método de español para estudiantes de Turismo, Hostelería y restauración. Consta de tres bloques que avanzan en complejidad gramatical y léxica.

Cada bloque se compone de tres unidades, un apéndice gramatical y una unidad de repaso.

- Unidad relacionada con el **turismo:** viajes, excursiones, transportes, agencias, reservas vacacionales, etc. Aparece en color azul.
- Unidad relacionada con la **hostelería:** alojamiento, reservas, instalaciones, convenciones, celebraciones, quejas, etc. Su color es el naranja.
- Unidad relacionada con la **restauración:** bares, restaurantes, platos, alimentos, cocina, etc. Aparece en color verde.
- **Apéndice gramatical.** Recoge los aspectos gramaticales tratados en las unidades anteriores, así como otros que complementan la progresión del alumno.
- **Unidad de repaso.** Se retoman los contenidos léxicos y gramaticales de las cuatro unidades anteriores a modo de revisión.

El libro posee un sistema modular que permite utilizarlo de dos maneras:

– De forma lineal, abordando todas las unidades del libro. Está indicado para aquellos estudiantes que desean tratar todos los aspectos relacionados con el mundo del turismo y la hostelería.

– Por temática, acudiendo a la unidad específica del tema de interés de cada bloque. De esta manera, los profesionales especializados en un único sector turístico podrán estudiar directamente esa unidad sin necesidad de revisar el resto.

Asimismo puede ser utilizado como método generalista con adultos que quieran aprender español para viajar a países hispanohablantes.

Presentación gráfica del libro

Fotos
Documentos gráficos

Título
Nombre de la unidad

Contenido
Contenidos de la unidad

Unidad
El color de la unidad se corresponde con cada especialidad
- turismo
- hostelería
- restauración

Preguntas
Aproximación a la unidad y primeras ideas

Presentación de una muestra real de lengua

Activación del vocabulario

Expresiones clave de la unidad

Actividad de comprensión

¡Te toca!
Actividad de lectura y representación por parejas

La vida misma
- Presentación de documentos reales relacionados con el tema de la unidad
- Integración de destrezas
- Activación de vocabulario

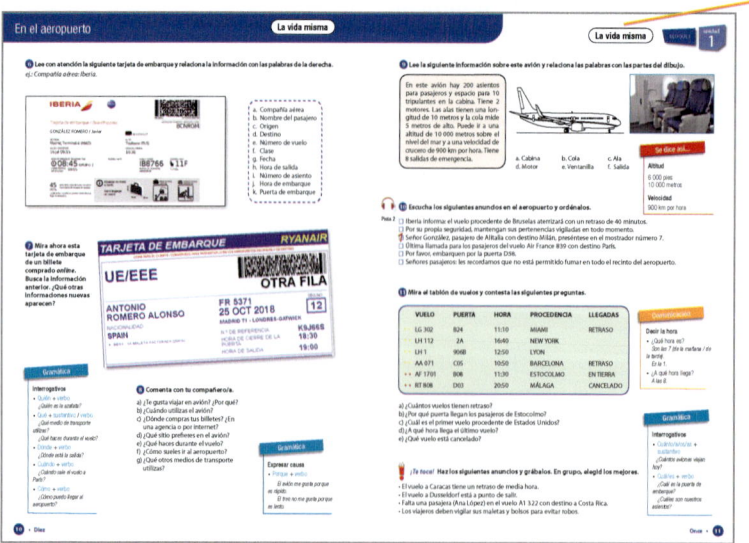

En contexto
- Textos relacionados con el tema
- Activación sociocultural
- Actividades en contexto

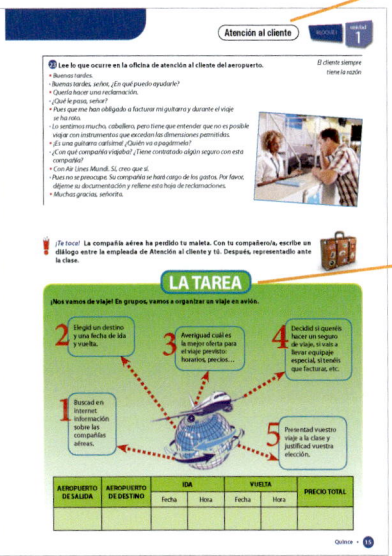

Atención al cliente

Diálogos y documentos relacionados con la atención al cliente en el campo temático de la unidad

La tarea

Activación final de negociación y práctica escrita y oral relacionada con el contenido global de la unidad

Profesionales

Entrevistas, testimonios y documentos relacionados con los profesionales y las tareas del tema que se trabaja

Repaso

Revisión de los contenidos de las unidades de cada bloque

Gramática

Apéndice gramatical al final de cada bloque

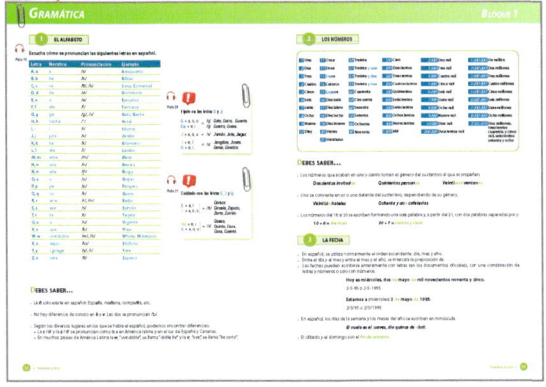

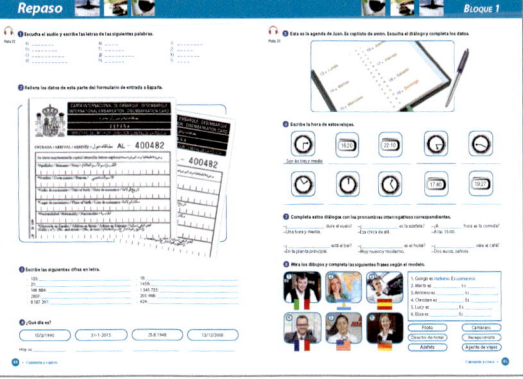

Índice de contenidos

BLOQUE	UNIDAD	PÁGINA	COMPETENCIA PRAGMÁTICA	
1	**Unidad** En el aeropuerto	Página 8	- Saludar y despedirse formalmente. - Presentarse. - Dar información personal. - Solicitar información. - Entender los mensajes y señales en un aeropuerto. - Reclamar en un aeropuerto.	- Decir la hora. - Expresar obligación. - Expresar localización. - Expresar causa.
	Unidad 2 En el hotel	Página 16	- Registrarse. - Reservar una habitación. - Conocer los servicios y actividades de un hotel. - Valorar la estancia en un hotel.	- Hablar sobre las funciones de los trabajadore de un hotel. - Expresar posibilidad.
	Unidad 3 En la cafetería	Página 24	- Expresar deseos, gustos y preferencias. - Conocer las comidas y los alimentos. - Solicitar y dar información sobre alimentos y bebidas. - Tomar un pedido en una cafetería. - Pedir la cuenta.	- Comprender los anuncios de empleo y responder a ellos. - Expresar un deseo. - Expresar gustos.
	GRAMÁTICA	Página 32	El alfabeto • Los números cardinales • La fecha • La hora • Los interrogativos • El género • El número • El artículo •	
	REPASO BLOQUE I	Página 44		
2	**Unidad 4** En la agencia	Página 52	- Dar y pedir indicaciones. - Pedir información sobre un lugar. - Situar un lugar. - Reservar un viaje en una agencia. - Organizar un viaje / una excursión. - Pedir información sobre un lugar y dar indicaciones.	- Presentar una reclamación en un hotel. - Pedir y dar permiso. - Hacer recomendaciones. - Expresar obligación y prohibición.
	Unidad 5 Los servicios del hotel	Página 60	- Atender llamadas telefónicas. - Dejar y tomar mensajes telefónicos. - Reservar una habitación por teléfono. - Dar y pedir información sobre instalaciones y dependencias de un hotel. - Redactar invitaciones formales a eventos. - Describir algunos puestos de trabajo.	- Quejarse de la organización de un evento. - Contratar algunos servicios del hotel.
	Unidad 6 En el restaurante	Página 68	- Tomar un pedido. - Clasificar los restaurantes por especialidades. - Describir un plato, sus ingredientes y la forma de cocinarlo. - Conocer la gastronomía española.	- Hacer una recomendación. - Conocer los cargos y las funciones de diferentes empleados.
	GRAMÁTICA	Página 76	Los números ordinales • Tú / Usted / Vos • Los verbos reflexivos • Otros usos de *se* • El adjetivo: concordancia • El acento y la tilde • *También / tampoco / sí / no* •	
	REPASO BLOQUE II	Página 88		
3	**Unidad 7** De excursión	Página 96	- Saludar y despedirse informalmente. - Hablar sobre medios de transporte. - Redactar un email. - Utilizar el vocabulario relacionado con los medios de pago.	- Solicitar cambio de moneda. - Hacer comparaciones.
	Unidad 8 Congresos y eventos	Página 104	- Hablar sobre la organización de eventos y congresos. - Formular reclamaciones y quejas. - Atender y contestar reclamaciones. - Solucionar problemas. - Pedir disculpas. - Usar los términos relacionados con la facturación en un hotel.	
	Unidad 9 En el restaurante	Página 112	- Dar órdenes e instrucciones. - Comprender el lenguaje utilizado en las recetas.	
	GRAMÁTICA	Página 120	El pretérito indefinido • Contraste entre el pretérito perfecto y el pretérito indefinido • Las preposiciones *por, para, a en, de, desde...*	
	REPASO BLOQUE III	Página 132		

COMPETENCIA LÉXICA		COMPETENCIA SOCIOCULTURAL	TAREA
- El aeropuerto. - El avión. - Los países y nacionalidades. - Los colores. - Profesiones aeronáuticas. - El nombre y los apellidos.	- Las letras. - Números cardinales. - Altitud y velocidad. - Saludos.	- Trato formal a los clientes: usted. - Fórmulas de educación: por favor y gracias. - Normativa en el aeropuerto. - Protocolo en los vuelos. - Compañías aéreas. - Los aeropuertos españoles.	- Organizar un viaje utilizando como medio de transporte el avión.
- El hotel. - Tipos de hoteles. - Tipos de régimen de estancia. - Profesiones relacionadas con el hotel. - Mobiliario y objetos de una habitación del hotel. - Formularios de registro.	- Los números ordinales. - Los días de la semana. - Los meses del año.	- Formas de tratamiento. - Categoría de los hoteles. - Los paradores de turismo. - Ofertas turísticas y tipos de turismo. - Formas actuales de reservar hotel (Internet). - Valoración de un servicio.	- Organizar una estancia en un hotel.
- La cafetería. - Profesionales de la cafetería. - Bebidas y comidas frías y calientes. - Tipos de desayuno. - Tapas y raciones. - Verbos que expresan gustos y preferencias.	- Precios. - La carta.	- Hábitos de desayuno. - Gestos en el bar. - Costumbres en torno al bar. - Los bares en la vida social.	- Abrir una cafetería y organizar su gestión.

• Los demostrativos • Los posesivos • El presente de indicativo (verbos regulares e irregulares) • Hay / está / están • Perífrasis verbales I •

COMPETENCIA LÉXICA		COMPETENCIA SOCIOCULTURAL	TAREA
- El turismo. - La agencia de viajes. - Medidas y superficies. - Accidentes geográficos. - Monumentos y lugares de interés.	- Direcciones. - Profesiones relacionadas con el turismo.	- Información turística sobre Canarias. - Tenerife y el Teide. - Las Palmas de gran Canaria y el Timanfaya. - Turismo en Madrid. - La Mezquita de Córdoba. - Código de comportamiento en museos y lugares públicos.	- Organizar un viaje y un itinerario.
- Dependencias del hotel. - Actividades y servicios del hotel. - Léxico de las celebraciones. - Fórmulas de atención telefónica al cliente. - La familia. - Profesiones en el hotel.		- Tipos de eventos y su celebración. - Celebraciones familiares en España. - Nombres y Apellidos en los países de habla hispana.	- Organizar un evento en un hotel.
- El restaurante. - El menú. - Los alimentos y las bebidas. - Formas de cocinar. - Ingredientes de un plato. - Profesionales del restaurante.		- Tipos de restaurantes. - Gastronomía del mundo. - Gastronomía en España. - Alimentos y vinos de España.	- Abrir un restaurante y decidir su menú y su gestión.

Las construcciones comparativas • El superlativo • Perífrasis de gerundio • *Ser y Estar* • El pretérito perfecto • *Ya / ya no / todavía no* • unir frases (y, o, pero) •

COMPETENCIA LÉXICA		COMPETENCIA SOCIOCULTURAL	TAREA
- Medios de transporte. - Léxico relacionado con las excursiones. - Temporadas turísticas. - Medios de pago. - Profesionales de la agencia y el turismo.		- La propina. - Menorca. - Hoteles de lujo. - Las monedas de distintos países de habla hispana. - Tipos de turista.	- Organizar una salida de fin de semana.
- Vocabulario relacionado con los congresos. - Menús y tipos de gastronomía que se ofrece en un congreso. - Medios audiovisuales. - Vocabulario relacionado con la facturación. - Escalafón directivo de una empresa.		- Cultura empresarial. - Tipos de cócteles españoles. - Reglas para resolver reclamaciones. - Departamento de recursos Humanos de un hotel. - Normas de comportamiento en un hotel.	- Formular una reclamación por no recibir un servicio previamente pactado.
- Alimentos. - Expresión de la cantidad. - Profesionales de la restauración. - Recetas. - Verbos relacionados con el mundo culinario.	- Platos de un menú. - Utensilios de cocina.	- Comidas típicas españolas. - Horarios de comidas en diferentes países. - Nuevos conceptos de restauración.	- Proponer una receta y su elaboración.

hasta • Los indefinidos (adjetivos y pronombres) • El pretérito imperfecto • El imperativo afirmativo • El futuro • las oraciones condicionales • Los comparativos •

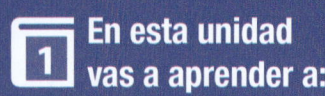

1 En esta unidad vas a aprender a:

- Saludar y despedirte formalmente.
- Presentarte y dar información personal.
- Solicitar información.
- Comprender mensajes y señales.
- Decir la hora.
- Hacer una reclamación.

¿Quiénes son?
¿Dónde están?
¿Qué hacen?
¿Adónde van?

Pista 1

1 Escucha el diálogo.

▪ Buenos días, señor.
• Buenos días.
▪ ¿Puede dejarme su billete?
• A ver… este es mi billete.
▪ Vuelo IB746, Madrid-Frankfurt.
• Sí, eso es.
▪ Muy bien. Su pasaporte, por favor.
• Aquí tiene.
▪ Muchas gracias. ¿Prefiere usted ventanilla o pasillo?
• Ventanilla, por favor.
▪ ¿Lleva usted equipaje?
• Sí, dos maletas y un bolso de mano.
▪ Esta es su tarjeta de embarque. Su asiento es el 2A. El embarque es a las 10:30 por la puerta D24.
• Muchas gracias.
▪ A usted. ¡Buen viaje!

Comunicación

Saludar
- Buenos días
- Buenas tardes
- Buenas noches
- Hola

Despedirse
- Adiós
- Hasta pronto
- Hasta luego

2 Elige la respuesta correcta.

a) ¿A dónde va este hombre?
☐ A París.
☐ A Londres.
☐ A Frankfurt.

b) ¿Dónde prefiere sentarse?
☐ En la ventanilla.
☐ En el pasillo.
☐ En el medio.

c) ¿A qué hora es el embarque?
☐ A las 13:00.
☐ A las 10:30.
☐ A las 17:00.

¡Te toca! Lee el diálogo con tu compañero/a. Después, representad una situación parecida.

8 • Ocho

En el aeropuerto

BLOQUE I
unidad 1

3 **¿Conoces estos símbolos? Relaciónalos con las palabras de la izquierda.**

a. Salidas
b. Equipaje perdido
c. Facturación de equipaje
d. Consigna
e. Control de seguridad
f. Control de identidad
g. Compra de billetes
h. Llegadas
i. Carritos
j. Cambio de divisas
k. Conexión entre vuelos
l. Recogida de equipaje

d. Consigna

4 **¿Quién dice las siguientes frases, la azafata o el pasajero?**

a. Esta maleta es muy grande. Tiene que facturarla. → La azafata
b. ¿Dónde puedo encontrar un carrito? →
c. La puerta de embarque se abre a las 9:30. →
d. He dejado mi equipaje en la consigna de la terminal A. →
e. ¡Buen viaje! →
f. Por favor, déjeme su pasaporte o su carnet de identidad. →
g. ¿En qué sala puedo recoger el equipaje del vuelo procedente de Madrid? →
h. Solo llevo una bolsa de mano. →
i. Buenas tardes, ¿puedo ver su billete? →

Expresiones clave
- Reservar un vuelo
- Facturar el equipaje
- Elegir un asiento
- Buscar la puerta de embarque
- Esperar el vuelo
- Embarcar
- Hacer cola en el mostrador
- Llevar retraso
- Estar cancelado
- Perder un vuelo

Varios nombres para la misma profesión
- Azafata / azafato
- Auxiliar de vuelo
- TCP (Tripulante de Cabina de Pasajeros)
- Aeromoza / aeromozo (en América latina)

5 **Relaciona.**

a

c

☐ Control de seguridad
☐ Recogida de equipaje
☐ Puerta de embarque
☐ Facturación de equipaje

b

d

Nueve • 9

En el aeropuerto   La vida misma

6 Lee con atención la siguiente tarjeta de embarque y relaciona la información con las palabras de la derecha.
ej.: Compañía aérea: Iberia.

a. Compañía aérea
b. Nombre del pasajero
c. Origen
d. Destino
e. Número de vuelo
f. Clase
g. Fecha
h. Hora de salida
i. Número de asiento
j. Hora de embarque
k. Puerta de embarque

7 Mira ahora esta tarjeta de embarque de un billete comprado *online*. Busca la información anterior. ¿Qué otras informaciones nuevas aparecen?

Gramática

Interrogativos

- Quién + verbo
  ¿Quién es la azafata?
- Qué + sustantivo / verbo
  ¿Qué medio de transporte utilizas?
  ¿Qué haces durante el vuelo?
- Dónde + verbo
  ¿Dónde está la salida?
- Cuándo + verbo
  ¿Cuándo sale el vuelo a París?
- Cómo + verbo
  ¿Cómo puedo llegar al aeropuerto?

8 Comenta con tu compañero/a.

a) ¿Te gusta viajar en avión? ¿Por qué?
b) ¿Cuándo utilizas el avión?
c) ¿Dónde compras tus billetes? ¿En una agencia o por internet?
d) ¿Qué sitio prefieres en el avión?
e) ¿Qué haces durante el vuelo?
f) ¿Cómo sueles ir al aeropuerto?
g) ¿Qué otros medios de transporte utilizas?

Gramática

Expresar causa

- Porque + verbo
  El avión me gusta porque es rápido.
  El tren no me gusta porque es lento.

La vida misma — BLOQUE I — unidad 1

9 Lee la siguiente información sobre este avión y relaciona las palabras con las partes del dibujo.

En este avión hay 200 asientos para pasajeros y espacio para 10 tripulantes en la cabina. Tiene 2 motores. Las alas tienen una longitud de 10 metros y la cola mide 5 metros de alto. Puede ir a una altitud de 10 000 metros sobre el nivel del mar y a una velocidad de crucero de 900 km por hora. Tiene 8 salidas de emergencia.

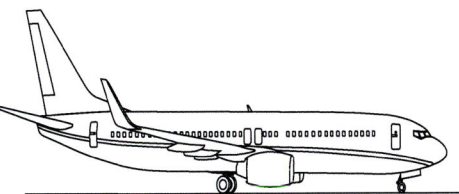

a. Cabina   b. Cola   c. Ala
d. Motor   e. Ventanilla   f. Salida

Se dice así...

Altitud
6 000 pies
10 000 metros

Velocidad
900 km por hora

10 Escucha los siguientes anuncios en el aeropuerto y ordénalos.

Pista 2

☐ Iberia informa: el vuelo procedente de Bruselas aterrizará con un retraso de 40 minutos.
☐ Por su propia seguridad, mantengan sus pertenencias vigiladas en todo momento.
1 Señor González, pasajero de Alitalia con destino Milán, preséntese en el mostrador número 7.
☐ Última llamada para los pasajeros del vuelo Air France 839 con destino París.
☐ Por favor, embarquen por la puerta D58.
☐ Señores pasajeros: les recordamos que no está permitido fumar en todo el recinto del aeropuerto.

11 Mira el tablón de vuelos y contesta las siguientes preguntas.

VUELO	PUERTA	HORA	PROCEDENCIA	LLEGADAS
LG 302	B24	11:10	MIAMI	RETRASO
LH 112	2A	16:40	NEW YORK	
LH 1	906B	12:50	LYON	
AA 071	C05	10:50	BARCELONA	RETRASO
AF 1701	B08	11:30	ESTOCOLMO	EN TIERRA
RT 808	D03	20:50	MÁLAGA	CANCELADO

a) ¿Cuántos vuelos tienen retraso?
b) ¿Por qué puerta llegan los pasajeros de Estocolmo?
c) ¿Cuál es el primer vuelo procedente de Estados Unidos?
d) ¿A qué hora llega el último vuelo?
e) ¿Qué vuelo está cancelado?

Comunicación

Decir la hora
• ¿Qué hora es?
 Son las 7 (de la mañana / de la tarde).
 Es la 1.
• ¿A qué hora llega?
 A las 8.

Gramática

Interrogativos
• Cuánto/a/os/as + sustantivo
 ¿Cuántos aviones viajan hoy?
• Cuál/es + verbo
 ¿Cuál es la puerta de embarque?
 ¿Cuáles son nuestros asientos?

¡Te toca! Haz los siguientes anuncios y grábalos. En grupo, elegid los mejores.

• El vuelo a Caracas tiene un retraso de media hora.
• El vuelo a Dusseldorf está a punto de salir.
• Falta una pasajera (Ana López) en el vuelo A1 322 con destino a Costa Rica.
• Los viajeros deben vigilar sus maletas y bolsos para evitar robos.

En el aeropuerto

En contexto

12 Lee el siguiente texto y contesta.

El aeropuerto *Adolfo Suárez Madrid-Barajas* está situado en Madrid, a doce kilómetros al noreste del centro de la ciudad. Es el más grande de España y el quinto de toda Europa por su número de vuelos y de pasajeros. Es el aeropuerto europeo que más conexiones tiene con Hispanoamérica. Tiene cuatro terminales a las que se puede llegar en transporte público y en taxi. El metro y el autobús son las formas más baratas de acceder al aeropuerto. En él, operan compañías procedentes de todo el mundo y también compañías de bajo coste. Iberia es la más importante de todas ellas. Los aeropuertos *Josep Tarradellas Barcelona-El Prat* y *Son Sant Joan* en Palma de Mallorca son los siguientes en importancia de España.

¿Cuál es el aeropuerto más importante de tu país? ¿En tu ciudad hay aeropuerto? ¿Cómo es? ¿Está bien comunicado? Escribe un pequeño texto como el anterior.

13 Lee el diálogo con tu compañero/a. Subraya las palabras que no conoces y busca su significado.

Gramática

Ser / Estar / Tener

- Localización: ESTAR
  Barajas está en Madrid.
- Descripción: SER
  El aeropuerto es grande.
- Posesión: TENER
  Tiene cuatro terminales.

▪ *Por favor, coloque su maleta en la cinta y pase por el detector de metales.*
• *Sí, un momento.*
▪ *Disculpe señora, debe quitarse todos los objetos metálicos: los pendientes, el cinturón, las pulseras…*
• *¿También tengo que quitarme los zapatos?*
▪ *Sí, también. Puede ponerse estas bolsas de plástico en los pies.*
• *Gracias.*
▪ *Disculpe señora, tiene que sacar los líquidos de la maleta y ponerlos en la bandeja.*
• *Ahora mismo. Llevo un frasco de perfume.*
▪ *Tiene que dejarlo aquí. Está prohibido viajar con envases superiores a 100ml en la cabina.*
• *¿Cómo? ¿No es posible? ¡Qué disgusto!*
▪ *Lo siento, señora, es la normativa del aeropuerto.*

14 Señala ahora si estas afirmaciones son verdaderas (V) o falsas (F).

- **F** La señora lleva más de una maleta.
- ☐ Las normas de seguridad del aeropuerto son muy estrictas.
- ☐ La señora no lleva líquidos en la maleta.
- ☐ Los pasajeros pueden llevar pendientes y cinturones en el control de seguridad.
- ☐ El policía ofrece otros zapatos a la señora.
- ☐ La señora no quiere sacar los líquidos de la maleta.
- ☐ La señora está muy contenta con la seguridad del aeropuerto.
- ☐ El policía informa a la señora de que tiene que poner el ordenador en la bandeja.

 ¡Te toca! Busca información sobre la normativa de los aeropuertos españoles. Puedes consultar la página www.aena.es. ¿Cuáles de estas cosas puedes llevar en la cabina? ¿Tienes que pagar algún suplemento?

Unos palos de golf
Un perro

Un ordenador portátil
Un mp3

Unos patines de hielo
Un yogur

En contexto BLOQUE I unidad 1

15 Mira este pasaporte español y contesta a las preguntas.

a) ¿Cómo se llama el pasajero?
b) ¿Qué nacionalidad tiene?
c) ¿Dónde ha nacido?
d) ¿Cuál es su fecha de nacimiento?
e) ¿Cuándo está expedido el pasaporte?
f) ¿Cuándo caduca?

Léxico

Nacionalidades
- Español / española
- Irlandés / irlandesa
- Estadounidense
- Argentino / argentina
- Italiano / italiana
- Holandés / holandesa
- Alemán / alemana
- Británico / británica

16 ¿Conoces estas banderas? Relaciona cada una con el país correspondiente. ¿Cuáles son los colores más comunes en las banderas?

Países Bajos - Alemania
España - Argentina
Estados Unidos - Italia
Gran Bretaña - Francia

Léxico

Colores
- Amarillo
- Azul
- Blanco
- Naranja
- Negro
- Rosa
- Rojo
- Verde
- Violeta

17 Di el nombre de un país hispanohablante y pregunta a tu compañero/a cómo es su bandera. ¿Puedes adivinar de qué país es?

ej.: La bandera de España es… roja, amarilla y roja.

18 ¿De qué color son los logotipos de estas compañías aéreas? ¿Sabes de qué países son?

 ¡Te toca! Dibuja un logotipo para una nueva compañía. Descríbeselo a tu compañero/a.

Trece • 13

En el aeropuerto

Profesionales

19 Lee la información sobre estos profesionales.

Comunicación

Dar información personal
- Soy Paloma.
- Me llamo Paloma.
- Tengo 47 años.
- Trabajo en el aeropuerto.
- Soy piloto.

Soy Paloma. Tengo 28 años y soy auxiliar de vuelo. Acompaño a los pasajeros durante todo el vuelo: y atiendo sus necesidades. Intento hacerles el viaje lo más agradable posible.

Soy Carlos y soy piloto de avión. Tengo 47 años y piloto un Boeing 737. En mi trabajo tengo que estar muy atento, sobre todo cuando hay turbulencias.

Me llamo María y trabajo en la torre de control del aeropuerto como controladora aérea. Tengo 35 años y dirijo el tráfico aéreo desde tierra.

20 ¿Qué hacen los auxiliares de vuelo en su trabajo? Mirad las fotos y comentadlas en parejas.

21 Escucha a la azafata durante el vuelo. Di tres cosas que tienen que hacer los pasajeros.

Pista 3

ej.: Los pasajeros tienen que abrocharse los cinturones.
- Los pasajeros...
-
-

22 Escucha a Paloma. Habla de las ventajas y desventajas de su profesión. ¿Cuáles son?

Pista 4

Gramática

Expresar obligación
- Tener que + infinitivo
  Los pasajeros tienen que abrocharse los cinturones.
- Hay que + infinitivo
  En un avión, hay que abrocharse los cinturones.

Ventajas	Desventajas

 ¡Te toca! Eres un pasajero y quieres algo de comer y de beber. En parejas, inventad el diálogo con un auxiliar de vuelo.

Atención al cliente BLOQUE I unidad 1

23 Lee lo que ocurre en la oficina de atención al cliente del aeropuerto.

El cliente siempre tiene la razón

- Buenas tardes.
- Buenas tardes, señor, ¿En qué puedo ayudarle?
- Quería hacer una reclamación.
- ¿Qué le pasa, señor?
- Pues que me han obligado a facturar mi guitarra y durante el viaje se ha roto.
- Lo sentimos mucho, caballero, pero tiene que entender que no es posible viajar con instrumentos que excedan las dimensiones permitidas.
- ¡Es una guitarra carísima! ¿Quién va a pagármela?
- ¿Con qué compañía viajaba? ¿Tiene contratado algún seguro con esta compañía?
- Con Air Lines Mundi. Sí, creo que sí.
- Pues no se preocupe. Su compañía se hará cargo de los gastos. Por favor, déjeme su documentación y rellene esta hoja de reclamaciones.
- Muchas gracias, señorita.

 ¡Te toca! La compañía aérea ha perdido tu maleta. Con tu compañero/a, escribe un diálogo entre la empleada de Atención al cliente y tú. Después, representadlo ante la clase.

LA TAREA

¡Nos vamos de viaje! En grupos, vamos a organizar un viaje en avión.

1 Buscad en internet información sobre las compañías aéreas.

2 Elegid un destino y una fecha de ida y vuelta.

3 Averiguad cuál es la mejor oferta para el viaje previsto: horarios, precios…

4 Decidid si queréis hacer un seguro de viaje, si vais a llevar equipaje especial, si tenéis que facturar, etc.

5 Presentad vuestro viaje a la clase y justificad vuestra elección.

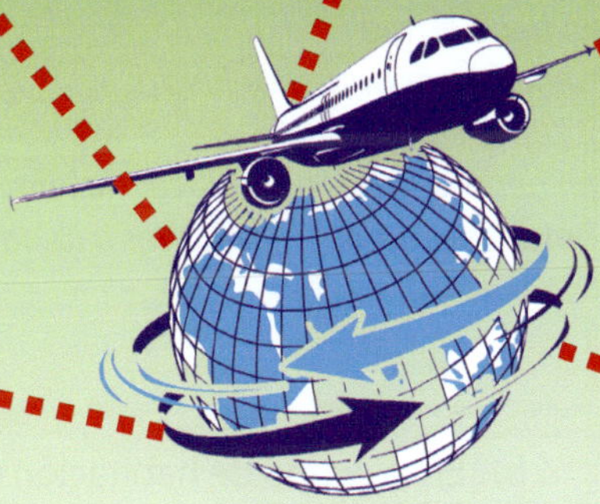

AEROPUERTO DE SALIDA	AEROPUERTO DE DESTINO	IDA		VUELTA		PRECIO TOTAL
		Fecha	Hora	Fecha	Hora	

En esta unidad vas a aprender a:

- Reservar una habitación.
- Registrarte en un hotel.
- Describir una habitación.
- Conocer los servicios y las actividades de un hotel.
- Valorar la estancia en un hotel.
- Hablar sobre las funciones de los trabajadores de un hotel.

¿Quiénes son?
¿Dónde están?
¿Qué hacen?

Comunicación

Formas de tratamiento

- Señor/-a; señorita; señores
  Buenas tardes, señores.
  Los señores de Giménez.
  Muchas gracias, señor.

Léxico

Los números ordinales

- 1º primero
- 2º segundo
- 3º tercero
- 4º cuarto
- 5º quinto
- 6º sexto
- 7º séptimo
- 8º octavo
- 9º noveno
- 10º décimo

Pista 5

1 Escucha el diálogo.

▪ Buenas tardes, señores.
• Hola, tenemos una reserva a nombre del señor Giménez.
▪ ¿Jiménez, con j?
• No, con G. Se escribe G-I-M-É-N-E-Z.
▪ Muchas gracias, señor. Aquí tengo su reserva. Una habitación doble con entrada hoy jueves y salida el domingo.
• Eso es. Son tres noches.
▪ ¿Prefieren los señores cama de matrimonio o dos camas individuales?
• Mejor cama de matrimonio.
▪ Tengo varias, ¿les gusta más una habitación exterior o interior?
• Normalmente preferimos las exteriores, pero en esta calle hay mucho tráfico. ¿Son ruidosas las habitaciones exteriores?
▪ No, señor, están muy bien aisladas.
• Bueno, pues entonces mejor una exterior.
▪ ¿Me permite un pasaporte o DNI?
• Aquí tiene el mío.
▪ ¿Puede firmar aquí, por favor?
• ¡Por supuesto!
▪ Aquí tiene la llave magnética. Habitación 809, en el octavo piso. Ahora viene el botones para acompañarles a la habitación y ayudarles con el equipaje.

2 Marca la respuesta correcta.

a) ¿Cuántas noches se quedan los señores Giménez en el hotel?
☐ Cinco.
☐ Tres.
☐ Cuatro.

b) ¿En qué tipo de habitación se alojan?
☐ Doble con dos camas.
☐ Triple.
☐ Doble con cama de matrimonio.

c) ¿En qué piso está su habitación?
☐ En el primero.
☐ En el octavo.
☐ En el quinto.

 ¡Te toca! Lee el diálogo con tu compañero/a. Después, representad una situación parecida.

En el hotel

BLOQUE I
unidad 2

3 Relaciona las palabras con las fotos.

a. Cliente
b. Reserva
c. Habitación
d. Recepción
e. Hotel
f. Llave magnética

4 ¿Quien dice las siguientes frases, el recepcionista o el cliente?

a. El desayuno se sirve de 8:00 a 10:00. → el recepcionista
b. Lo sentimos, el hotel está completo. →
c. Queremos una habitación de no fumadores. →
d. Tiene que pagar un suplemento para utilizar el gimnasio. →
e. He perdido la llave de la habitación. →
f. Este hotel no admite animales. →
g. El servicio de recepción está abierto las 24 horas. →
h. ¿Pueden subirme algo de cena a la habitación? →
i. No, señor, la anulación de la reserva no tiene ningún coste adicional. →
j. Las bebidas del minibar son gratuitas, ¿verdad? →
k. Su habitación se encuentra en la segunda planta. →
l. ¿Tienen habitaciones disponibles para esta noche? →

Expresiones clave

- Reservar una habitación
- Recomendar un hotel
- Anular una reserva
- Confirmar una reserva
- Dejar una habitación
- Cambiar las toallas
- Pagar un suplemento
- Llamar al servicio de habitaciones
- Estar completo
- Tener habitaciones disponibles

5 Mira estos símbolos. ¿Qué significan? Marca (x) la respuesta correcta.

 ☐ Parking
☐ Piscina

 ☐ Se admiten animales
☐ No se admiten animales

 ☐ Hotel con caja fuerte
☐ Banco cercano

 ☐ Cocina tradicional francesa
☐ Servicio de desayuno

 ☐ Wifi gratuita
☐ Wifi

 ☐ Hotel con 24 teléfonos
☐ Atención telefónica 24 horas

 ☐ Servicio de lavandería
☐ Habitaciones con lavadora

 ☐ Restaurante
☐ Servicio de comida en las habitaciones

Diecisiete • 17

En el hotel

La vida misma

6 Mira la tarjeta de cliente de la señora López y relaciona los datos con la información de la derecha.

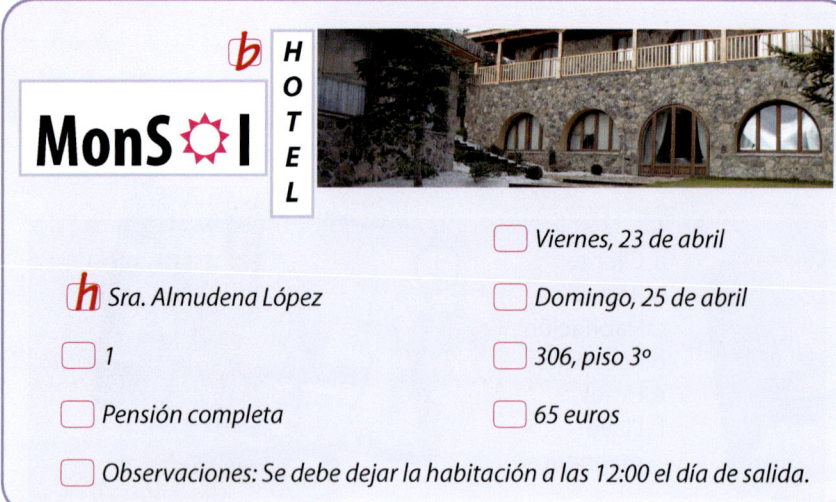

a. Régimen
b. Hotel
c. Número de habitación
d. Fecha de entrada
e. Precio por noche
f. Otra información
g. Número de personas
h. Nombre del cliente
i. Fecha de salida

Léxico

Los días de la semana
- Lunes
- Martes
- Miércoles
- Jueves
- Viernes
- Sábado
- Domingo

7 Responde las siguientes preguntas.

a) ¿Cuántas noches se queda la señora López?
b) ¿Cuánto cuesta la habitación?
c) ¿A qué hora tiene que dejar la habitación?
d) ¿Qué régimen de alojamiento tiene la señora López?
e) ¿En qué piso está la habitación de la señora López?

8 Cuando viajas por placer, ¿qué tipo de hoteles prefieres? Habla con tu compañero/a.

Hotel de playa

Hotel de esquí / de montaña

Hotel rural

Hotel de lujo

Léxico

Los meses del año
- Enero
- Febrero
- Marzo
- Abril
- Mayo
- Junio
- Julio
- Agosto
- Septiembre
- Octubre
- Noviembre
- Diciembre

9 Elige uno de los hoteles anteriores y completad la ficha en parejas.

- Nombre:
- Número de habitaciones:
- Número de personas:
  - ☐ Adultos ☐ Niños
- Tipo de habitación:
  - ☐ Individual ☐ Doble ☐ Triple
- ¿Camas supletorias? ☐ Sí ☐ No
- Estancia en régimen de:
  - ☐ Alojamiento ☐ Alojamiento y desayuno
  - ☐ Pensión completa ☐ Media Pensión

- Fechas: ___/___/___ - ___/___/___
- Número de noches:
- Pago:
  - ☐ Efectivo ☐ Tarjeta
- Observaciones:
  _____
  _____
  _____
  _____
  _____

La vida misma BLOQUE I unidad 2

10 Relaciona las palabras con las imágenes.

a. Mesilla de noche
b. Ventanal
c. Almohada
d. Ducha
e. WC/Inodoro
f. Papel higiénico
g. Televisión
h. Lámpara
i. Espejo
j. Cortina
k. Toalla
l. Minibar
m. Lavabo
n. Cama

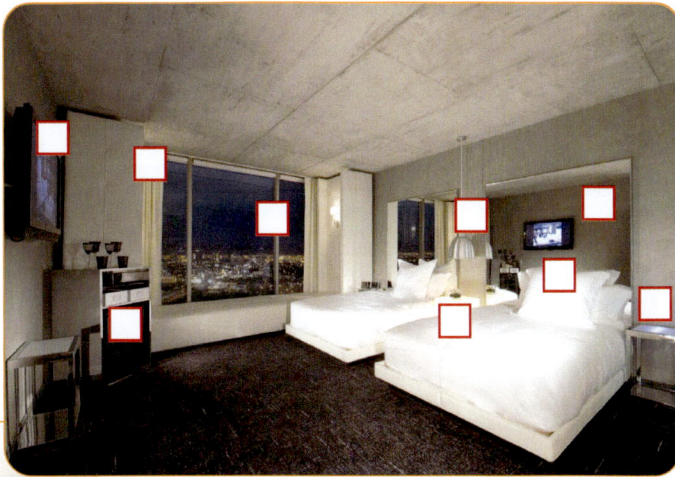

Gramática

Uso de hay / está

- Existencia (hay)

  Hay un minibar en la habitación.
  Hay una cama grande.

- Localización (está)

  El minibar está dentro de la habitación.
  El cuadro está en la pared.

11 Usa los siguientes adjetivos para describir la habitación y el cuarto de baño anteriores.

Luminoso/a	Acogedor/a	Grande
Amplio/a	Pequeño/a	Bonito/a
Moderno/a	Interior	Exterior

ej.: La habitación es amplia y muy luminosa durante el día.

12 Escucha el audio y anota qué cosas hay en la habitación.

Pista 6

13 Describe la habitación de este hotel. ¿Cómo es y qué hay en ella?

Gramática

Las preposiciones

- Encima
- Debajo
- Al lado
- A la izquierda
- A la derecha
- Delante
- Detrás

Diecinueve • 19

En el hotel

En contexto

14 Lee el folleto turístico y contesta a las preguntas.

AB Internacional

Cabo de Gata	Aproveche la oferta especial
Hotel entrecostas	de junio y septiembre
Las Negras, 9 00890 Cabo de Gata Almería Tel.: 950 543 20 60 Fax: 950 543 30 65	200 euros / semana ▪ Habitación doble* ▪ Desayuno incluido *Precio válido para dos adultos. 1 niño gratis.

▪ El hotel Entrecostas es uno de los hoteles más famosos de Almería.

▪ Desde 1975 más de un millón de suecos, daneses, holandeses y noruegos se han alojado en él. Relájese en familia y practique sus deportes favoritos.

▪ Ofrecemos clases de natación y submarinismo en el hotel, así como de buceo y navegación en la playa.

▪ Nuestros expertos monitores pueden cuidar de sus hijos mientras usted y su pareja se divierten o hacen deporte.

a) ¿Dónde está el hotel?
b) ¿Qué buscan los clientes en este hotel?
c) ¿Hay ofertas especiales?
d) ¿Qué incluye el precio?
e) ¿De dónde son la mayoría de los clientes?
f) ¿Qué actividades deportivas se pueden practicar?
g) ¿Desde cuándo está abierto el hotel?
h) ¿Recomendarías este hotel?

15 Lee el siguiente texto sobre los paradores en España.

Los paradores de turismo son hoteles de alta categoría localizados en edificios de importancia histórica, artística o cultural. Suelen ser palacios, castillos o monasterios habilitados para el uso hotelero. Desde que se abre el primer parador en 1926, España ha aumentado hasta casi cien el número de este tipo de alojamientos. Paradores de Turismo está establecido en todas las Comunidades Autónomas (a excepción de Baleares) y es la cadena líder en turismo cultural y de naturaleza. Además, los paradores dan mucha importancia a la gastronomía y cocinan platos tradicionales de los lugares en donde están ubicados. Son ideales para unas vacaciones románticas, en familia, con amigos e incluso para cualquier tipo de celebración.

Parador de Jarandilla de la Vera

¿Hay hoteles parecidos a los paradores en tu país? Habla con tu compañero/a.

¡Te toca! Busca información sobre los paradores españoles. ¿En qué ciudades hay? ¿Cómo son? En pequeños grupos, elegid un parador en www.parador.es y presentadlo al resto de la clase.

En contexto

BLOQUE I — unidad 2

16 Escucha esta conversación y ordena las frases.

☐ A mí no me gusta reservar un hotel por Internet. No me fío.
☐ ¿Sí? ¡Qué bien!
☐ ¿Pero, dónde reclamas si algo no te gusta?
☐ No puedo. Mañana nos vamos de vacaciones a Terra Mítica.
1 ¿Nos vemos mañana?
☐ Hemos encontrado una súper oferta de última hora en Internet.
☐ ¿Por qué no? Nosotros siempre reservamos las vacaciones así. Ahorramos tiempo y dinero.
☐ Buena pregunta. La verdad, no lo sé.

Comunicación

Expresar posibilidad
- Poder + Infinitivo
  Puedes cenar en el restaurante.
  Puedes llamar al servicio de habitaciones.

17 Ahora responde a las siguientes preguntas sobre la conversación que has escuchado.

a) ¿A dónde van de vacaciones estas personas?
b) ¿Te gustan los parques temáticos?
c) ¿Utilizas Internet para reservar tus vacaciones? Explica por qué.

18 Lee la información del Hotel AB Internacional y marca en la lista qué cosas puedes hacer en él.

AB Internacional

Situación
Situado junto al Ayuntamiento, en pleno centro de la ciudad.

Descripción
Dispone de 101 habitaciones completamente equipadas. Cuenta con bar, restaurante, salones para reuniones, garaje, lavandería, etc.

Servicios standard de habitación
- Aire acondicionado
- Caja fuerte
- Wifi gratuito
- Minibar
- Secador de pelo
- Teléfono directo
- Televisión
- TV satélite

Instalaciones
- Acceso directo minusválidos
- Ascensor
- Bar/Cafetería
- Edificio histórico
- Lavandería
- Parking
- Restaurante
- Salón de reuniones
- Servicio de habitaciones 24 horas
- Servicio médico
- Sauna y gimnasio

Desayunar	☐
Practicar deportes al aire libre	☐
Aparcar el coche	☐
Tomar una bebida en la habitación	☐
Bailar en la discoteca	☐
Secarte el pelo	☐
Ver un DVD	☐
Lavar la ropa	☐
Conectarte a Internet	☐
Reunirte con tus compañeros/as de trabajo	☐
Alojarte con tu perro	☐
Pasear por las zonas verdes	☐
Cortarte el pelo	☐
Ver películas en otros idiomas	☐
Comer a cualquier hora	☐
Usar la sauna	☐
Pagar en efectivo	☐
Llamar por teléfono	☐

ej.: *Puedo desayunar porque hay una cafetería.*
No puedo practicar deportes al aire libre porque el hotel está en el centro de la ciudad.

Se dice así...

El wifi, la wifi.
- si se hace referencia a la zona, se pone en femenino: *la wifi.*
- si se hace referencia al sistema, se pone en masculino: *el wifi.*

¡Te toca! Con tu compañero/a, haz una lista con todos los servicios que puede tener un hotel y decidid cuáles son para vosotros los cinco más importantes.

En el hotel — Profesionales

19 ¿Te gustaría trabajar en un hotel? Mira el anuncio.

La cadena hotelera MIRAMAR busca recepcionistas para trabajar en su nuevo hotel en la Costa del Sol.
Los interesados tienen que:
- Hablar inglés y alemán.
- Ser comunicativos y agradables con los clientes.
- Tener disponibilidad horaria.

20 ¿Qué cualidades debe tener un buen recepcionista?

ej.: Un recepcionista debe ser…

21 Ahora escucha a Juan Segura, encargado de recepción del Hotel MIRAMAR. Toma nota del trabajo que tiene que realizar el nuevo recepcionista.

Pista 8

22 Estos son los trabajadores del Hotel Miramar. Escribe debajo de cada foto el nombre de su cargo.

Recepcionista   Director   Relaciones Públicas   Camarero   Botones   Cocinero

a
_____

b
_____

c
_____

d
_____

e
_____

f
_____

23 Escucha los diálogos en los que algunos de los trabajadores del hotel hablan de su trabajo. Señala quién habla en cada uno de ellos.

Pista 9

24 José Martín es director de comidas y bebidas en un gran hotel. Escucha su experiencia profesional y responde a las preguntas.

Pista 10

a) ¿Cómo empezó el señor Martín?
b) ¿En cuántos hoteles ha trabajado?
c) ¿Cuáles son los mayores inconvenientes de su trabajo?

Atención al cliente — BLOQUE I — unidad 2

25 Mira este cuestionario de satisfacción al cliente y contesta a las preguntas.

El cliente siempre tiene la razón

a) ¿Está contento el cliente en general con el trato del hotel?
b) ¿Qué es lo que más le ha gustado?
c) ¿Y lo que menos?
d) ¿Crees que los trabajadores del hotel hacen bien su trabajo?
e) ¿Qué propone mejorar del hotel?
f) ¿Piensas que va a volver al hotel?

26 En tu cuaderno, completa una ficha como las del ejercicio anterior con las siguientes indicaciones.

- No estás nada contento con el hotel donde has estado.
- El personal ha sido muy amable pero la comida horrible y las instalaciones. no se correspondían con la publicidad.
- Todo estaba sucio.
- No te han dejado alojar a tu perro en tu misma habitación.

LA TAREA

¡Nos vamos de fin de semana! En grupos, vamos a organizar una estancia en un hotel.

1. Buscad información en Internet o en folletos de turismo sobre diferentes estancias.
2. Decidid qué tipo de hotel vais a reservar: hotel de playa, hotel rural, de esquí…
3. ¿Cuántos sois? ¿Cuántas habitaciones necesitáis?
4. Decidid el régimen de alojamiento, si necesitáis algún servicio especial, si queréis realizar alguna actividad en el hotel, etc.
5. Presentad vuestra estancia a la clase y justificad vuestra elección.

3 En esta unidad vas a aprender a:

- Expresar deseos, gustos y preferencias.
- Conocer las comidas y los alimentos.
- Dar información sobre comidas y bebidas.
- Tomar un pedido en una cafetería.
- Pedir la cuenta.
- Poner una queja.

¿Quiénes son?
¿Dónde están?
¿Qué hacen?

Gramática

Expresar un deseo
- querer + sustantivo
- desear + infinitivo/sustantivo

¿Quiere un poco de mermelada?
¿Desea una tostada?

Comunicación

Pedir la cuenta
- ¿Qué le debo?
- ¿Me trae la cuenta?

Pista 11

1 Escucha el diálogo.

▪ Buenos días.
• Buenos días. ¿Todavía sirven el desayuno?
▪ Sí señor, hasta las 10:00. ¿Quiere tomarlo en una mesa o en la barra?
• Me quedo aquí mismo, en la barra. Tengo prisa.
▪ Muy bien. ¿Qué va a tomar?
• Un café con leche y un zumo de naranja natural.
▪ ¿Desea el señor una tostada o bollería?
• Eh, bueno sí, un cruasán, por favor.
▪ ¿Quiere un poco de mermelada o mantequilla para el cruasán?
• No, muchas gracias. Ah, por favor, la leche del café no muy caliente y tráigame también sacarina.
▪ Aquí tiene, señor. ¡Que aproveche!
• Gracias. ¿Qué le debo?
▪ Son 7 €. ¿Desea que se lo cargue a la habitación?
• Pues... sí, mejor cárguelo a la habitación. Es la 809.
▪ Muy bien, si es tan amable, firme aquí por favor. Adiós, muchas gracias.

Léxico

Las comidas
- El desayuno
- El almuerzo
- La comida
- La merienda
- La cena

2 Elige la respuesta correcta.

a) ¿Qué tipo de café toma el señor?
☐ Café solo.
☐ Café con leche.
☐ Café descafeinado.

b) ¿Qué más bebe?
☐ Un zumo de manzana.
☐ Un vaso de agua.
☐ Un zumo de naranja.

c) ¿Cómo paga el desayuno?
☐ En efectivo.
☐ Con tarjeta.
☐ Lo carga en la habitación.

¡Te toca! Lee el diálogo con tu compañero/a. Después, representad una situación parecida.

En la cafetería

BLOQUE I
unidad 3

3 Relaciona los dibujos con las palabras.

A_____ B_____ C_____ D_____

E_____ F_____ G_____ H_____

- Zumo de naranja
- Tostada
- Cereales
- Mermelada
- Bollería
- Aceite
- Mantequilla
- Churros

4 ¿Quién dice las siguientes frases, el camarero o el cliente?

- Las tostadas, ¿con aceite o con mantequilla? → *el camarero*
- Por favor, un poco de mermelada para el cruasán. →
- Tenga, su desayuno. ¡Que aproveche! →
- Disculpe, cárguelo a mi habitación. →
- ¿Puede ponerme un poco más de leche fría? El café está muy caliente. →
- Claro, tenemos bocadillos, sándwiches y alguna cosa más de picar. →
- Por favor, el café solo y sin azúcar. →
- Disculpe, se nos han acabado los bollos. ¿Quiere otra cosa? →

Expresiones clave

En la cafetería
- Tomar un café y una tostada
- Beber un refresco
- Comer un bocadillo
- Pedir una ración
- Servir las mesas
- Querer algo más de comer
- No haber mesa libre
- Picar algo en la barra
- Pedir la cuenta

5 Marca los objetos que se encuentran en la fotografía.

- ☒ Barra del bar
- ☐ Mesa
- ☐ Silla
- ☐ Copa de vino
- ☐ Cerveza
- ☐ Taza
- ☐ Cucharilla
- ☐ Servilletas
- ☐ Cliente
- ☐ Bandeja
- ☐ Vaso
- ☐ Mantel
- ☐ Botella
- ☐ Camarero
- ☐ Carta
- ☐ Cafetera
- ☐ Cuchillo
- ☐ Tostadora

En la cafetería

La vida misma

6 Esta es la carta de desayuno del Hotel AB Internacional. Mira qué hay y responde a las preguntas.

AB Internacional
Carta de desayuno

Café solo	2,20 €	Infusiones	2,50 €	Cereales	2,75 €
Café con leche	2,60 €	Chocolate	3,00 €	Churros (5 unidades)	1,75 €
Café descafeinado	2,30 €	Zumo de naranja	2,00 €	Macedonia de frutas	2,75 €
Té con limón	2,50 €	Tostadas	2,25 €	Huevos revueltos	3,50 €
Té con leche	2,50 €	Cruasán	2,50 €		

Desayunos completos 7,50 €

Americano
Zumo de naranja
Huevos
Salchichas

Continental
Zumo de naranja
Café
Bollería

Español
Chocolate
Churros

a) ¿Cuánto tipos de cafés tienen?
b) ¿Cuál es la bebida más barata? ¿Y la más cara?
c) ¿Cuánto vale el chocolate con churros?
d) ¿Qué desayunos completos ofrecen?
e) ¿Qué lleva el desayuno americano?
f) ¿En qué desayuno no hay zumo?

7 Comenta con tu compañero/a.

a) ¿Es importante desayunar bien?
b) ¿Qué desayunas normalmente?
c) ¿Cuál es tu desayuno favorito?
d) ¿Dónde te gusta desayunar?

 8 Escucha la llamada de un cliente al servicio de habitaciones del hotel. ¿Qué pide?
Pista 12

Servicio de habitaciones

Nombre: _____

Número de la habitación: _____

Hora: _____

Pedido

Comida: _____

Bebidas: _____

Atendido por: _____

9 Este es el pedido del servicio de desayuno del Hotel AB Internacional. Comprueba si está correcto. Después, escucha el diálogo y comprueba tu respuesta.
Pista 13

Mesa: 10   Personas: 3   Camarero: Manuel

- ☐1 café con leche
- ☐2 zumo de naranja
- ☐1 huevos con beicon
- ☐1 tarta de chocolate
- ☐1 fruta
- ☐2 agua mineral
- ☐2 tostadas de jamón con tomate
- ☐1 cruasán

La vida misma   BLOQUE I   unidad 3

10 ¿Te gusta o no te gusta? Habla con tu compañero/a.

Gramática

Expresar gustos
- A mí me gusta + sustantivo singular
  A mí me gusta el pan.
- A mí me gusta + infinitivo
  A mí me gusta comer.
- A mí me gustan + sustantivo plural
  A mí me gustan los churros.

A mí me gusta el zumo de naranja.   A mí no me gusta la cerveza.   A mí me gustan las patatas fritas.   A mí no me gustan las aceitunas.

11 Escucha los diálogos y di si son verdaderas (V) o falsas (F) las siguientes afirmaciones.

Pista 14

a. La pizza está muy buena.
b. Las dos personas piden un sándwich mixto.
c. Los clientes van a pedir una ración de calamares.
d. Los clientes piensan que las croquetas son pesadas.
e. La tortilla está muy caliente.
f. Los clientes van a tomar otra cerveza.
g. El cliente está tomando un bocadillo de jamón.
h. El batido de fresa está muy dulce.
i. A los clientes les gusta el queso.
j. La ensalada no tiene sal.

12 ¿Qué hacen los clientes? Escucha el audio e indica a qué foto se refiere cada diálogo.

Pista 15

Léxico

- Una ración de calamares
- Un pincho de tortilla
- Un botellín de cerveza
- Una caña
- Una copa de vino
- Una tapa de queso
- Un bocadillo de jamón

 ¡Te toca! ¿Qué es la cosa más rara que te gusta comer? Comentadla en grupo y elegid cuál es la más rara de la clase.

Veintisiete • 27

En la cafetería

En contexto

Gramática

Preposiciones

- Sin: indica privación
  Cerveza sin alcohol
- Con: indica acompañamiento
  Chocolate con churros
- De: indica contenido, material
  Batido de fresa

13 Ordena las frases y después comprueba con el audio.

Pista 16

1. Para mí una cerveza sin alcohol.
2. Buenas tardes, señores.
3. Sin gas, por favor. Y para la niña un batido de chocolate.
4. ¿Qué les ponemos?
5. ¿Y para el señor?
6. Una botella de agua mineral.
7. ¿Con o sin gas?
8. Hola.
9. Muy bien. ¿Desean algo de comer los señores?
10. Sí, una ración de patatas fritas, por favor.
11. Entonces vamos a ver, era... una cerveza sin alcohol, un agua mineral sin gas, un batido de chocolate y una de patatas fritas.
12. Eso es.

1

14 Completa la carta de esta cafetería con las palabras del recuadro.

- Tortilla
- Bocadillos
- Patatas
- Cafés
- Agua
- Refrescos
- Queso
- Helado
- Calamares
- Té

BAR-CAFETERÍA ERASMUS

TAPAS

_____ curado	1,50 €	
Pincho de _____	1,75 €	
Jamón de Jabugo	3,50 €	
Aceitunas	1,25 €	
Ensaladilla rusa	1,50 €	
Boquerones en vinagre	1,50 €	

_____	2,50 €
Jamón	2,50 €
Jamón y queso	2,75 €
Chorizo	2,50 €
Tortilla	2,75 €
Calamares	3,00 €
Lomo con pimientos	3,50 €

RACIONES

_____	9,50 €
Croquetas	5,50 €
Pulpo a la gallega	11,50 €
Champiñones	5,50 €
Revuelto de gambas	5,50 €
_____ bravas	4,50 €

BEBIDAS

_____	2,00 €
_____	1,20 €
Caña	1,00 €
_____ con/sin gas	2,25 €
Zumos	

POSTRES

Tarta	1,90 €
Natillas caseras	1,50 €
_____	1,50 €
Flan casero	1,50 €

_____ E INFUSIONES

Café cortado	1,20 €
Café solo	1,10 €
Café con leche	1,50 €
_____	1,45 €

Comunicación

Solicitar y dar información sobre comidas y bebidas

- ¿Qué va a tomar?
- ¿Quiere ver la carta?
- ¿Y de beber?
- ¿Algo más?
- No, no tenemos.
- Sí, enseguida lo traigo.

 ¡Te toca! Trabaja en parejas con la carta anterior. Uno de vosotros es el cliente y el otro el camarero. Después, intercambiad los papeles.

En contexto · BLOQUE I · unidad 3

15 Habla con tus compañeros/as sobre los bares en España. ¿Crees que son ciertas estas afirmaciones?

Los bares son muy importantes en la vida social.

Los niños no pueden entrar en los bares.

En los bares y cafeterías solo se bebe. No se come.

Es normal desayunar en los bares

Hay mucho ruido en los bares y cafeterías.

La gente solo va a los bares para tomar el aperitivo.

ej.: Yo pienso que los bares son muy importantes porque siempre están llenos de gente.

16 Lee el texto y comprueba las respuestas del ejercicio anterior. Después, contesta a las preguntas.

¿Sabes que España es el país de la Unión Europea que más bares y cafeterías tiene por habitante? Los bares forman parte de la cultura española. En ellos, los españoles beben y comen, hablan, juegan a las cartas, toman un café, leen el periódico, ven la tele, hablan de sus alegrías y de sus preocupaciones, etc. Hombres, mujeres, niños, amigos, compañeros de trabajo, familiares, conocidos, solteros, casados, comparten su tiempo tomando una cervecita o un café.
Por la mañana, la tostada, el zumo y los churros; al mediodía, la cañita y el aperitivo; por la tarde, el café y la copa; y después del trabajo, nada mejor que un vinito con los compañeros antes de ir a casa. Cualquier momento es bueno para ir a los bares y cafeterías y disfrutar de la compañía, del buen comer y del buen beber por poco dinero.

a) ¿Qué tipo de gente va a los bares?
b) ¿Cuándo va la gente a los bares?
c) ¿Qué se puede hacer en los bares?
d) ¿Es caro tomar algo en un bar?

17 Busca información sobre los bares en España. ¿Cómo son? Haz una lista de las cosas que podemos tomar en un bar a las diferentes horas del día.

ej.: Por la mañana, podemos tomar un café, una infusión...

18 Comenta con tu compañero/a. Después, escribid un pequeño texto con las informaciones obtenidas.

• ¿Cómo son los bares en tu país?
• ¿Cuándo va la gente a un bar?
• ¿Quiénes van a los bares?
• ¿Qué podemos pedir en los bares de tu país?

En la cafetería

Profesionales

19 Ana y Carla trabajan como camareras en diferentes lugares. Lee la información sobre ellas y completa la tabla.

Ana Aguilar es camarera en una cafetería en el centro de la ciudad. A Ana le gusta mucho su trabajo. Tiene un buen sueldo y además recibe propinas. Solo trabaja por la mañana, de 7 a 14, y tiene las tardes libres. No le gusta mucho hablar con los clientes. Para ella, lo más difícil es llevar la bandeja y servir las mesas.

Carla Martín trabaja en una pequeña cafetería a las afueras de la ciudad. Odia su trabajo y su sueldo es bajo. No le gusta preparar el café y estar tantas horas de pie. Sin embargo, le gusta mucho hablar con los clientes y conocer gente nueva. Trabaja por la mañana y por la tarde, pero tiene una hora libre para comer.

	Lugar de trabajo	Horario	Sueldo	Le gusta…	No le gusta…	¿Está contenta con su trabajo?
Ana Aguilar						
Carla Martín						

20 (Pista 17) Juan es camarero en el restaurante de un hotel de lujo. Escucha su experiencia y rellena este cuadro con las ventajas y desventajas de su profesión.

Ventajas	Desventajas

21 Mira los siguientes anuncios. ¿Cuál te interesa más? ¿Por qué? Elige uno y escribe una carta solicitando el trabajo.

Hotel de 5 estrellas
Se necesita camarero/a con experiencia y referencias para cafetería.
Imprescindible conocimiento de idiomas y buena presencia.
Deseable estudios en Hostelería.
Incorporación inmediata.
Buenas condiciones laborales.

Se necesita mozo/a.
No necesaria experiencia.
Turno de mañana.
Cafetería zona central.
Buenos Aires.

McDouglas
Se necesita personal.
Si eres joven y dispones de un poco de tiempo libre, únete a nuestro equipo.
Llama al 900 982 328 o rellena la solicitud que encontrarás en la página web www.mcjob.com

Atención al cliente — BLOQUE I, unidad 3

22 ¿Qué sucede? Completa el diálogo y luego escucha el audio.

Pista 18

El cliente siempre tiene la razón

Cliente: Perdone, creo que se ha equivocado, este zumo no es para mí.
Camarero: A ver, es cierto, es para la mesa dos. Disculpe, señor.
Cliente: Además, me ha traído un café cortado y yo quiero un café solo.
Camarero: ¡Qué despiste! Ahora mismo se lo cambio.
Cliente:
Camarero: Ahora mismo le traigo bien su desayuno. Lo siento mucho, señor.
Cliente:
Camarero: Ahora mismo.

… *Unos minutos más tarde*

Cliente:
Camarero: Sí, sí, perdone, enseguida lo traigo. Tenemos un problema con la tostadora. Aquí tiene. Perdone la espera.

… *Media hora después*

Cliente:
Camarero: Aquí tiene. Son 20 euros.
Cliente:
Camarero: A ver… Perdone, le he traído la cuenta de otra mesa. Su desayuno son 5 euros.
Cliente: Eso es otra cosa. Pero…¡Qué desastre de cafetería! ¿Tienen ustedes libro de reclamaciones?

Comunicación
- Creo que se ha equivocado
- No se preocupe
- No pasa nada

¡Te toca! Con tu compañero/a, inventa una situación similar en la que al final tienes que pedir el libro de reclamaciones.

LA TAREA

¿Abrimos una cafetería? En grupos, vais a organizar vuestro propio negocio.

1 Vais a abrir una cafetería en vuestra ciudad. Decidid qué servicio vais a ofrecer: desayunos, comidas, horarios, personal, tipo de comida, nombre de la cafetería…

2 Haced una carta con los platos que vais a ofrecer y los precios de vuestra comida.

3 Repartid la tareas. ¿Quién será el encargado? ¿Quién el camarero? ¿Quién servirá las mesas?

4 Explicad a vuestros compañeros cómo es vuestro negocio, qué ofrecéis, quiénes sois e invitadles a la inauguración.

5 Elegid a alguno de vuestros compañeros e improvisad una situación en vuestra cafetería.

GRAMÁTICA

1 EL ALFABETO

Escucha cómo se pronuncian las siguientes letras en español.

Letra	Nombre	Pronunciación	Ejemplo
A, a	a	/a/	**A**eropuerto
B, b	be	/b/	**B**ilbao
C, c	ce	/θ/, /k/	**C**ena, **C**omensal
D, d	de	/d/	**D**ormitorio
E, e	e	/e/	**E**jecutivo
F, f	efe	/f/	**F**armacia
G, g	ge	/g/, /x/	**G**ato, **G**ente
H, h	hache	/ /	**H**otel
I, i	i	/i/	**I**dioma
J, j	jota	/x/	**J**arabe
K, k	ka	/k/	**K**ilómetro
L, l	ele	/l/	**L**avabo
M, m	eme	/m/	**M**esa
N, n	ene	/n/	**N**evera
Ñ, ñ	eñe	/ɲ/	**Ñ**oqui
O, o	o	/o/	**O**rejas
P, p	pe	/p/	**P**asajero
Q, q	cu	/k/	**Q**ueso
R, r	erre	/r/, /rr/	**R**adio
S, s	ese	/s/	**S**almón
T, t	te	/t/	**T**arjeta
U, u	u	/u/	**U**rgente
V, v	uve	/b/	**V**iaje
W, w	uve doble	/w/, /b/	**W**hisky, **W**aterpolo
X, x	equis	/ks/	**X**ilófono
Y, y	i griega	/y/, /i/	**Y**ate
Z, z	zeta	/θ/	**Z**apatos

Fíjate en las letras G y J:

G + a, o, u = /g/ *Gato, Gorro, Guante.*
Gu + e, i = /g/ *Guerra, Guiso.*

J + a, o, u = /x/ *Jamón, Jota, Jugar.*

J + e, i = /x/ *Jengibre, Jinete.*
G + e, i = /x/ *Genio, Ginebra.*

Cuidado con las letras C, Z y Q:

C + e, i = /θ/ *Cereza*
Z + a, o, u = /θ/ *Ciruela, Zapato, Zorro, Zurrón.*

Qu + e, i = /k/ *Queso, Quinto, Casa,*
C + a, o, u = /k/ *Cosa, Cuenta.*

DEBES SABER...

- La **ñ** solo existe en español: Espa**ñ**a, ma**ñ**ana, compa**ñ**ía, etc.

- No hay diferencia de sonido en **b** y **v**. Las dos se pronuncian /b/.

- Según los diversos lugares en los que se habla el español, podemos encontrar diferencias:
    - La **c** /θ/ y la **z** /θ/ se pronuncian como la **s** en América latina y en el sur de España y Canarias.
    - En muchos países de América Latina la **w**, "uve doble", se llama "doble be" y la **v**, "uve", se llama "be corta".

2 LOS NÚMEROS

1 Uno	**11** Once	**30** Treinta	**100** Cien	**2 000** Dos mil	**1 000 000** Un millón	
2 Dos	**12** Doce	**31** Treinta y uno	**200** Doscientos	**3 000** Tres mil	**2 000 000** Dos millones	
3 Tres	**13** Trece	**32** Treinta y dos	**300** Trescientos	**4 000** Cuatro mil	**3 000 000** Tres millones	
4 Cuatro	**14** Catorce	**33** Treinta y tres	**400** Cuatrocientos	**5 000** Cinco mil	**4 000 000** Cuatro millones	
5 Cinco	**15** Quince	**40** Cuarenta	**500** Quinientos	**6 000** Seis mil	**5 000 000** Cinco millones	
6 Seis	**16** Dieciséis	**50** Cincuenta	**600** Seiscientos	**7 000** Siete mil	**6 000 000** Seis millones	
7 Siete	**17** Diecisiete	**60** Sesenta	**700** Setecientos	**8 000** Ocho mil	**7 000 000** Siete millones	
8 Ocho	**18** Dieciocho	**70** Setenta	**800** Ochocientos	**9 000** Nueve mil	**8 000 000** Ocho millones	
9 Nueve	**19** Diecinueve	**80** Ochenta	**900** Novecientos	**10 000** Diez mil	**2 345 678** Dos millones, trescientos cuarenta y cinco mil, seiscientos setenta y ocho	
10 Diez	**20** Veinte	**90** Noventa	**1 000** Mil	**200 000** Doscientos mil		
	21 Veintiuno					

Debes saber...

- Los números que acaban en *uno* y *ciento* toman el género del sustantivo al que acompañan.

  Doscientos invitados   **Quinientas personas**   **Veintiuna ventanas**

- *Uno* se convierte en *un* o *una* delante del sustantivo, dependiendo de su género.

  Veintiún hoteles   **Ochenta y una cafeterías**

- Los números del 16 al 30 se escriben formando una sola palabra y, a partir del 31, con dos palabras separadas por *y*.

  10 + 6 = dieciséis   **30 + 7 = treinta y siete**

LA FECHA

- En español, se utiliza normalmente el orden ascendente: día, mes y año.
- Entre el día y el mes y entre el mes y el año, se intercala la preposición *de*.
- Las fechas pueden escribirse enteramente con letras (en los documentos oficiales), con una combinación de letras y números o solo con números.

  Hoy es miércoles, dos de mayo de mil novecientos noventa y cinco.
  2-5-95 o 2-5-1995

  Estamos a (miércoles) 2 de mayo de 1995.
  2/5/95 o 2/5/1995

- En español, los días de la semana y los meses del año se escriben en minúscula.

  El vuelo es el jueves, día quince de abril.

- El sábado y el domingo son el *fin de semana.*

GRAMÁTICA

4 LA HORA

En punto

- menos cinco — y cinco
- menos diez — y diez
- **menos cuarto** — **y cuarto**
- menos veinte — y veinte
- menos veinticinco — y veinticinco

y media

¿Qué hora es?		
(Es)	la una	En punto
		Y media
		Y cuarto
(Son)	las dos	Y cinco
	las cinco	Y tres minutos
		Menos cuarto
		Menos veinte (minutos)

DEBES SABER...

- También se puede decir la hora mencionando los números de la pantalla como la de un reloj digital.

    Son las *veinte quince.*   **Son las** *ocho y cuarto.*

    `20:15`

- Hay que distinguir entre preguntar la hora y hablar de horarios:

    ¿**Qué** hora es? Son las cinco y media.   ¿**A qué** hora sale el avión? A las ocho.

5 LOS INTERROGATIVOS

INVARIABLES

- ¿QUÉ + verbo / sustantivo? • COSA
  ¿*Qué* hora es?
- ¿DÓNDE + verbo? • LUGAR
  ¿*Dónde* vives?
- ¿CUÁNDO + verbo? • TIEMPO
  ¿*Cuándo* vienes a España?
- ¿CÓMO + verbo? • MODO
  ¿*Cómo* quieres el café?
- ¿POR QUÉ + verbo? • CAUSA
  ¿*Por qué* estudias español?

VARIABLES

- ¿QUIÉN/ES + verbo? • PERSONA
  ¿*Quién* es esa chica?
  ¿*Quiénes* son estos chicos?
- ¿CUÁL/ES + verbo? • COSA
  ¿*Cuál* te gusta más?
  ¿*Cuáles* son los más caros?
- ¿CUÁNTO/A/OS/AS + verbo / sustantivo? • CANTIDAD
  ¿*Cuánto* cuesta la noche en el hotel?
  ¿*Cuánto* dinero cuesta?

- En español, los interrogativos siempre llevan tilde.

DEBES SABER...

- Las interrogaciones directas en español se abren y se cierran con los signos de interrogación: ¿?

    ¿*Cómo* te llamas?   ¿*Cuántos* años tienes?

- Hay dos tipos de interrogativas directas en español:
    - Interrogativas sin pronombre interrogativo: Son las que tienen como respuesta *sí* o *no*.

        –¿**Vas a viajar en avión?**

        –**Sí,** voy a viajar en avión. / **No,** viajo en autobús.

La estructura para estas interrogativas es muy sencilla y debe leerse prestando atención a la entonación.

¿(Sujeto) + verbo + complemento?

¿**Vosotros** ↑ **sois** ↓ **españoles**?

- Interrogativas con pronombre interrogativo: utilizan los pronombres interrogativos como *qué, quién, cuál, cómo, dónde, por qué, cuánto,* etc. La respuesta es abierta.

    –¿**Qué hotel te gusta?**
    –**El Hotel Cosmopolitan en el centro de la ciudad.**

- La estructura es diferente a las anteriores. Así, las oraciones comienzan por el pronombre interrogativo.

¿Pronombre interrogativo + verbo + (sujeto) + complemento?

¿**Cuándo** vienes (tú) a España?

- A veces estos pronombres interrogativos pueden llevar delante una preposición.

    ¿**A** qué hora sale el avión?   ¿**Desde** dónde llamas?

6 EL SUSTANTIVO: GÉNERO

- En español hay dos géneros: masculino y femenino. Frecuentemente los nombres masculinos terminan en *o* y los nombres femeninos en *a*.

    el **pilot**o (m)   *el* **camarer**o (m)   *la* **azafat**a (f)   *la* **camarer**a (f)

- Sin embargo, otras veces la terminación no indica el género. Por eso es importante fijarse en el artículo que acompaña al nombre para determinar el género.

    el **program**a (m)   *la* **mot**o (f)   *el* **agu**a (m)

- También es posible que las palabras no terminen ni en *o* ni en *a*.

    estudiante (m y f)   **hotel** (m)   **leche** (f)
    huésped (m y f)   **café** (m)   **habitación** (f)

7 EL SUSTANTIVO: EL NÚMERO

- Para expresar el plural de una palabra normalmente se añade una *-s* a su forma en singular.

    cama → **cama**s   **recepcionista** → **recepcionista**s   **camarero** → **camarero**s

- Si la última letra es una consonante, añadimos *-es*

    habitación → **habitacion**es   **hotel** → **hotel**es   **pensión** → **pension**es

- Las palabras terminadas en *í* y *ú* tónicas pueden hacer también el plural añadiendo *-es*.

    marroquí → **marroqu**íes   **israelí** → **israel**íes

Gramática

8 EL ARTÍCULO

- El artículo precede al sustantivo. Puede ser determinado o indeterminado.

DETERMINADOS

Artículo	Sustantivo	Ejemplo
El	Masculino singular	El avión
La	Femenino singular	La azafata
Los	Masculino plural	Los hoteles
Las	Femenino plural	Las habitaciones

INDETERMINADOS

Artículo	Sustantivo	Ejemplo
Un	Masculino singular	Un camarero
Una	Femenino singular	Una señora
Unos	Masculino plural	Unos bares
Unas	Femenino plural	Unas tostadas

Debes saber...

- El artículo puede ser determinado o indeterminado. Cuando hablamos de un objeto que ya conocemos utilizamos el artículo determinado. Por el contrario, cuando hablamos de un sustantivo que desconocemos, empleamos el artículo indeterminado.

    El piloto es muy bueno. → Sabemos de qué piloto hablamos.

    He visto a un piloto de Iberia en el hotel. → No sabemos quién es. Es uno cualquiera.

9 LOS DEMOSTRATIVOS: ADJETIVOS Y PRONOMBRES

SINGULAR

Masculino	Femenino
Este	Esta
Ese	Esa
Aquel	Aquella

PLURAL

Masculino	Femenino
Estos	Estas
Esos	Esas
Aquellos	Aquellas

SOLO PRONOMBRES

Esto
Eso
Aquello

Debes saber...

- Los adjetivos demostrativos van delante del sustantivo y concuerdan con él en género y número.

    Esa maleta es grande.   *Ese autobús está averiado.*

- El pronombre es una palabra que sustituye al nombre y nunca lo acompaña.

    Este piso es luminoso. → *Este es luminoso.*

- En español, el pronombre se utiliza para evitar repeticiones.

    Me gustan las maletas con cierre de seguridad.   *Esas son las que utilizo en mis viajes.*

    Aquellas, por ejemplo, no me gustan.

- Los pronombres demostrativos "esto", "eso", "aquello" se refieren a una idea, a algo de lo que no se da el nombre exacto o se desconoce. También se usan para hacer referencia a algo de lo que se acaba de hablar o cuando no hablamos de un objeto concreto. Estas formas neutras no se utilizan para referirse a personas.

    ¿Qué es aquello?   *Esto es muy raro.*

- Los adjetivos y pronombres personales expresan los distintos grados de **proximidad** del hablante con lo que dice. Así, entran en relación con los espacios *aquí*, *ahí* y *allí*.

10 LOS POSESIVOS: ADJETIVOS Y PRONOMBRES

- Los adjetivos y pronombres posesivos indican la relación de **pertenencia** entre el nombre al que se refieren y el poseedor. Sin embargo, los posesivos no concuerdan en género y número con el poseedor sino con la cosa poseída.

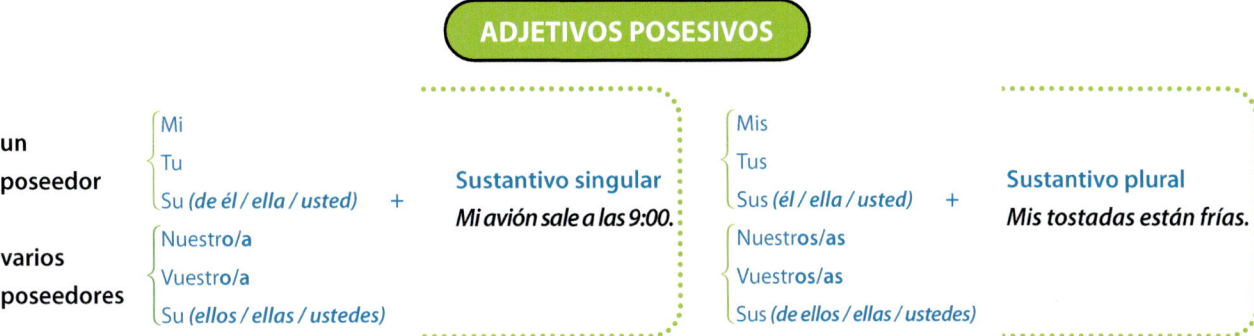

DEBES SABER...

- *Mi(s), tu(s), su(s)* tienen una única forma para masculino y femenino. *Nuestro/a (s)* y *vuestro/a (s)* siempre concuerdan en género y número con la cosa poseída.

    mi **maleta**   *mi* **vuelo**   *nuestra* **maleta**   *nuestro* **vuelo**

DEBES SABER...

- Cuando los adjetivos no acompañan al sustantivo, sino que lo sustituyen, van precedidos por el artículo y se convierten en pronombres:

    Mis **tostadas están frías.** → **Las** *mías* **están frías.**

    Tu **hermana viaja mucho.** → **La** *tuya* **viaja mucho.**

Gramática

11 EL VERBO: PRESENTE DE INDICATIVO

- En español hay tres conjugaciones según la terminación del infinitivo: **-AR, -ER, -IR**.

- Algunos verbos son **REGULARES** y se conjugan siempre con las mismas terminaciones según la conjugación a la que pertenecen.

	-AR (1ª conjugación) *Reservar*	**-ER** (2ª conjugación) *Comer*	**-IR** (3ª conjugación) *Decidir*
Yo	reservo	como	decido
Tú	reservas	comes	decides
Él / ella / usted	reserva	come	decide
Nosotros/as	reservamos	comemos	decidimos
Vosotros/as	reserváis	coméis	decidís
Ellos / ellas / ustedes	reservan	comen	deciden

- Otros verbos como *ser, estar* o *ir* son **IRREGULARES**.

	Ser	**Estar**	**Ir**
Yo	Soy	Estoy	Voy
Tú	Eres	Estás	Vas
Él / ella / usted	Es	Está	Va
Nosotros/as	Somos	Estamos	Vamos
Vosotros/as	Sois	Estáis	Vais
Ellos / ellas / ustedes	Son	Están	Van

- Algunos irregulares tienen un pequeño cambio vocálico en algunas personas.

e>ie **Querer**	o>ue **Poder**	e>i **Pedir**	Verbos en -uir: u>**uy** **Incluir**	u>ue **Jugar**
Quiero	Puedo	Pido	Incluyo	Juego
Quieres	Puedes	Pides	Incluyes	Juegas
Quiere	Puede	Pide	Incluye	Juega
Queremos	Podemos	Pedimos	Incluimos	Jugamos
Queréis	Podéis	Pedís	Incluís	Jugáis
Quieren	Pueden	Piden	Incluyen	Juegan

- Otros verbos irregulares tienen la modificación ortográfica solo en la primera persona.

Verbos en -acer, ocer y ucir C>ZC	Otros	
Conocer > **Conozco**	Hacer > *Hago*	
Conducir > **Conduzco**	Salir > *Salgo*	Saber > *Sé*
Traducir > **Traduzco**	Poner > *Pongo*	Ver > *Veo*
	Traer > *Traigo*	Dar > *Doy*

- Hay también verbos que tienen una doble irregularidad.

	Tener	**Venir**	**Decir**	**Oír**
Yo	Ten**go**	Ven**go**	D**igo**	O**igo**
Tú	T**ie**nes	V**ie**nes	D**ices**	O**yes**
Él / ella / usted	T**ie**ne	V**ie**ne	D**ice**	O**ye**
Nosotros/as	Tenemos	Venimos	Decimos	Oímos
Vosotros/as	Tenéis	Venís	Decís	Oís
Ellos / ellas / ustedes	T**ie**nen	V**ie**nen	D**icen**	O**yen**

Debes saber...

- El **presente de indicativo** se utiliza para:

  ◆ Referirse al momento o la situación actual en que se encuentra el hablante.

  Ahora *trabaja* muchas horas.

  ◆ Hablar de verdades universales, definiciones, informaciones.

  Dos y dos *son* cuatro.   Las tiendas *cierran* a las dos.

  ◆ Dar instrucciones.

  Para ir a la Plaza Mayor, *tomas* primero la calle Mayor y *giras* a la izquierda.

  ◆ Hablar de cosas habituales o de rutinas.

  Los domingos siempre *vamos* de excursión.

  Todos los días *me levanto* a las 6:45 de la mañana.

12   HAY / ESTÁ - ESTÁN

- Las formas *hay* (del verbo *haber*), *está* y *están* (del verbo *estar*) se utilizan normalmente para hablar de la existencia (*hay*) y de la localización (*está / están*) de personas y cosas.

Hay

Hay es la forrma impersonal del presente de indicativo del verbo **haber**.
- Se usa para hablar de la existencia de personas o cosas.
  - –¿Cuántos cuadros *hay* (existen) en este museo?
  - –*Hay* 200 cuadros.
- Tiene la misma forma para el singular y el plural.
- En singular va acompañado por el artículo indeterminado *un / una*. En plural normalmente no lleva artículo.

  HAY + **un / una** + sustantivo masculino / femenino singular

  HAY + sustantivo masculino / femenino plural

  – Perdone, ¿sabe si *hay* un cajero automático por aquí cerca?
  – Sí, *hay* cajeros automáticos delante de la estación del tren.

Está - Están

Está (3ª persona del singular) - **Están** (3ª persona del plural) del verbo *estar*.
- Se usan para hablar de la localización de personas o cosas.
  - –¿Dónde (en qué lugar) *está* Carlos?
  - –Carlos *está* en el aeropuerto.
- *Está* se utiliza para el singular y *están* para el plural.
- En singular, la forma *está* va acompañada por el artículo determinado *ella*. En plural, la forma *están* va acompañada por *los / las*.

  ESTÁ + **el / la** + sustantivo masculino / femenino singular

  ESTÁN + **los / las** + sustantivo masculino / femenino plural

  – Perdone, ¿dónde *está* la oficina de correos?
  – ¿Dónde *están* los salones de los banquetes?

Gramática

13 PERÍFRASIS VERBALES I: CONSTRUCCIONES CON INFINITIVO

- Las perífrasis verbales son construcciones formadas por un verbo conjugado que funciona como auxiliar (tener, haber, deber, etc.) y otro verbo principal en forma de infinitivo, gerundio o participio. Entre los dos verbos puede aparecer algún enlace como *que* o *a*.

> Verbo auxiliar conjugado + (que / a) + Infinitivo / participio / gerundio

- En estas estructuras, el verbo auxiliar tiene una función comunicativa (obligación, consejo, etc.) y el verbo principal es el que proporciona el significado.

    Tengo que dejar mi habitación a las 12:00. → *Mi obligación es dejar mi habitación a las 12:00.*

- Aquí tienes algunas de las más importantes:

Estructura	Para expresar	Ejemplo
Tener que	Obligación, deber	*Tengo que ir a trabajar.*
Hay que	Necesidad de hacer algo, obligación	*Hay que sacar la basura después de las 20:00.*
Deber	Consejo	*Debes hablar con el director.*
Ir a	Comienzo de una acción	*Voy a escribir una postal a Iván.*
	Planes, intenciones de hacer algo en el futuro	*Voy a ir al cine el sábado.*

Infinitivo

Querer	Planes, intenciones, deseos de hacer algo en el futuro	*Quiero ir a París.*
Pensar	Intenciones futuras	*Pienso vender mi moto pronto.*
Poder	Posibilidad	*Puedo comer en el trabajo cuando no está mi jefe.*
	Permiso	*¿Puedo usar tu cámara?*
	Habilidad	*Pablo puede hablar siete idiomas.*

14 VERBOS PARA EXPRESAR GUSTOS Y PREFERENCIAS

Pronombre	Verbo		Sujeto
(A mí)	Me		
(A ti)	Te	Gusta	el verano / viajar
(A él / ella / usted)	Le		+ sustantivo singular / infinitivo
(A vosotros)	Os		
(A nosotros)	Nos	Gustan	las manzanas
(A ellos / ellas / ustedes)	Les		+ sustantivo plural

Verbo PREFERIR

Yo pref**ie**ro
Tú pref**ie**res
Él / Ella / Usted pref**ie**re
Nosotros/as preferimos
Vosotros/as preferís
Ellos / Ellas / Ustedes pref**ie**ren

BLOQUE 1

DEBES SABER...

- El verbo *gustar* se utiliza en español con una estructura diferente a la de otros verbos. Va precedido de un pronombre de objeto indirecto que indica la persona que experimenta esa sensación y va seguido del sujeto, que puede aparecer en singular, en plural o en infinitivo, con el que concuerda en número el verbo *gustar*.

- Generalmente el verbo gustar suele utilizarse en la tercera persona del singular o en la tercera del plural, dependiendo del número del sujeto, esto es, si es singular o plural.

    Me gusta el desayuno del hotel.   *Me gustan los viajes en avión.*
    Nos gusta el desayuno del hotel.   *Nos gustan los viajes en avión.*

- A veces, esta construcción con el verbo gustar puede ir precedida de la repetición del objeto indirecto con la estructura *a + mí / ti / él / ella / nosotros / vosotros / ellos / usted / ustedes*.

    A él le gustan las habitaciones grandes.   *A vosotros os gusta la habitación individual.*

- Otros verbos que expresan gustos y preferencias son *encantar*, que funciona como el verbo gustar, o *preferir*, con la estructura de los verbos normales.

15 ADVERBIOS DE CANTIDAD

Nada   Poco   Algo   Bastante   Mucho

Me gusta mucho el zumo de naranja.

DEBES SABER...

- Sirven para expresar la intensidad o la cantidad del significado de un verbo al que acompañan.

16 PREPOSICIONES (I): EN, A, HACIA, DE, CON, SIN

- En español existen muchas preposiciones: *a, ante, bajo, con, contra, de, desde, hasta, hacia, para, por, sin, sobre…* Sirven para establecer relaciones entre cosas y personas en el espacio, tiempo, etc. Cada una de ellas tiene significados diferentes.

- **EN**: Sirve para indicar el lugar en el que está una cosa o persona, normalmente en reposo.

    El pasajero está en el avión.   *El cliente está en recepción.*

- **A / HACIA**: Indica movimiento hacia un lugar.

    Voy a Londres.   *El cliente va hacia la habitación.*

Cuarenta y uno • 41

GRAMÁTICA

- **DE**: Indica procedencia.

    Vengo de Lima.

- **DE**: Se utiliza para hablar del contenido o del material de lo que está hecho algo.

    Me encantan las sillas de madera. (material)
    Me gusta la tortilla de patatas. (contenido)

- **CON**: Expresa compañía.

    Normalmente, viajo con mis amigos.

- **SIN**: Indica ausencia de algo.

    Quiero un café solo, sin azúcar.

DEBES SABER...

- Cuando las preposiciones *a* y *de* van seguidas del artículo *el* se transforman en *al* y *del*, excepto con nombres propios.

    Es un periodista de "El País".

    A + EL = AL   Voy al hotel que me recomendaste.
    A + DE = DEL   Voy a visitar el museo del Prado.

17 PRONOMBRES PERSONALES

Persona	Sujeto	Objeto Directo	Objeto Indirecto	Con preposición
1ª persona singular	Yo	Me	Me	con + mí = **Conmigo**
2ª persona singular	Tú	Te	Te	con + ti = **Contigo**
3ª persona singular	Él Ella Usted	Lo (Le) La Lo (Le), La	Le (Se) Le (Se) Le (Se)	Él Ella Usted
1ª persona plural	Nosotros Nosotras	Nos Nos	Nos Nos	Nosotros Nosotras
2ª persona plural	Vosotros Vosotras	Os Os	Os Os	Vosotros Vosotras
3ª persona plural	Ellos Ellas Ustedes	Los (Les) Las Los (Les), Las	Les (Se) Les (Se) Les (Se)	Ellos Ellas Ustedes

DEBES SABER...

- Los pronombres son palabras que sustituyen al nombre cuando hablamos. Los pronombres tienen diferente forma dependiendo de su función en la oración: pronombres de sujeto, de complemento directo o de complemento indirecto.

- Pronombres de sujeto:
    - Estos pronombres funcionan como sujeto de la oración y, por tanto, concuerdan con el verbo.

        Nosotros somos pilotos.   *Ella es la directora.*

BLOQUE 1

- La forma de **usted / ustedes** se utiliza en contextos formales y, aunque se refiere a la segunda persona, se combina con la tercera persona del verbo en singular o en plural.

    Usted trabaja en el restaurante. *Ustedes son los huéspedes del hotel.*

- Pronombres personales de complemento directo e indirecto.
    - La función de los pronombres personales de complemento directo e indirecto es sustituir al nombre para evitar su repetición.

        El botones lleva las maletas de los señores. → *El botones las lleva.*

        El recepcionista da la llave a los huéspedes. → *El recepcionista les da la llave.*

- Los pronombres de complemento directo e indirecto van antes del verbo, excepto cuando el verbo va en imperativo, infinitivo o gerundio. Entonces se colocan detrás.

    Tengo un hermano y una hermana que viven en Santander pero los veo con frecuencia.

    –¿Quieres ver una película de miedo conmigo?
    – No, si es de miedo no quiero verla.

- Cuando necesitamos utilizar los dos pronombres, el indirecto va primero.

    –¿Te han dado las informaciones del viaje?
    –Sí, me las han dado.

- Cuando al pronombre *le* (complemento indirecto) le sigue un complemento directo de tercera persona (**lo, la, los, las**), se convierte en *se*.

    –¿Le dejo el pasaporte a la azafata?
    –No, todavía no se lo dejes.

    - El pronombre masculino de complemento directo de tercera persona es **lo/los**, pero se admiten las formas **le/les** cuando se refieren a personas masculinas o grupos mixtos.

        Yo a Iván lo quiero mucho. *Yo a Iván le quiero mucho.*

        Yo a Iván, María y Carlos les / los quiero mucho.

- Pronombres personales que van con preposición.
    - Cuando los pronombres personales van precedidos por una preposición, tienen la misma forma que los pronombres de sujeto, excepto en la primera y segunda persona, **yo** y **tú**.

        Por favor, me puedes dar la factura a mí. *¿Puedo hacer algo por ti?*

    - Con la preposición **con**, las formas de primera y segunda persona son **conmigo** y **contigo**.

        ¿Quieres venir conmigo? *El director del hotel irá contigo.*

Repaso

Pista 22

1 Escucha el audio y escribe las letras de las siguientes palabras.

a) _ _ _ _ _ _ _   e) _ _ _ _   i) _ _ _ _ _ _ _ _
b) _ _ _ _ _ _ _ _   f) _ _ _ _ _ _   j) _ _ _ _ _
c) _ _ _ _ _ _ _ _ _   g) _ _ _ _ _ _ _ _ k) _ _ _ _ _ _
d) _ _ _ _ _ _ _ _ _ _ h) _ _ _ _ _ _   l) _ _ _ _

2 Rellena los datos de esta parte del formulario de entrada a España.

3 Escribe las siguientes cifras en letra.

- 133: _____
- 21: _____
- 146 684: _____
- 2807: _____
- 8 587 297: _____

- 18: _____
- 1456: _____
- 1 345 735: _____
- 205 968: _____
- 424: _____

4 ¿Qué día es?

(15/3/1995)   (31-1-2015)   (25.8.1948)   (13/12/2000)

Hoy es _____   _____   _____   _____

44 • Cuarenta y cuatro

BLOQUE 1

5 Esta es la agenda de Juan. Es copiloto de avión. Escucha el diálogo y completa los datos.

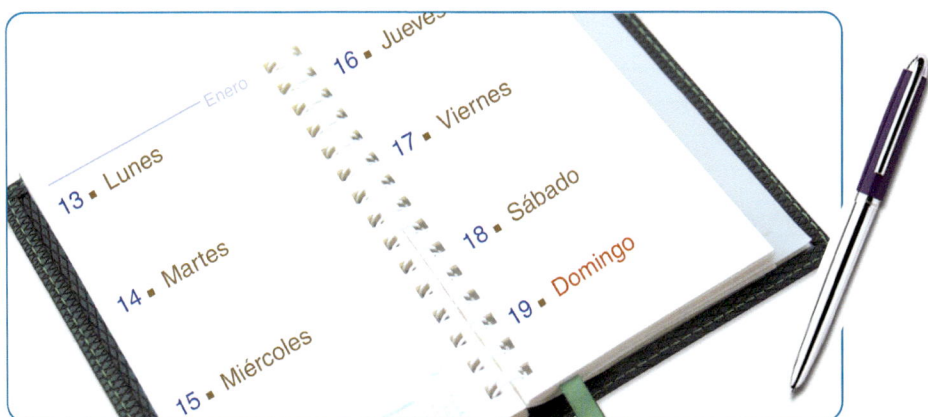

6 Escribe la hora de estos relojes.

Son las tres y media

7 Completa estos diálogos con los pronombres interrogativos correspondientes.

–¿_____ dura el vuelo?
–Una hora y media.

–¿_____ es la azafata?
–Esa chica de allí.

–¿A _____ hora es la comida?
–A las 15:00.

–¿_____ está el bar?
–En la planta principal.

–¿_____ es el hotel?
–Muy nuevo y moderno.

–¿_____ vale el café?
–Dos euros, señora.

8 Mira los dibujos y completa las siguientes frases según el modelo.

1. Giorgio es *italiano*. Es *camarero*.
2. Marta es _____. Es _____.
3. Antonio es _____. Es _____.
4. Christian es _____. Es _____.
5. Lucy es _____. Es _____.
6. Elisa es _____. Es _____.

Piloto — Camarero
Director de hotel — Recepcionista
Azafata — Agente de viajes

Cuarenta y cinco • 45

Repaso

9 Escribe las preguntas para las siguientes respuestas.

a) *¿Es usted el recepcionista de este hotel?* – *Sí, soy el recepcionista de este hotel.*
b) ¿_____? –No, el vuelo no lleva retraso.
c) ¿_____? –No, el desayuno no está incluido en el precio.
d) ¿_____? –Sí, tenemos servicio de habitaciones en el hotel.
e) ¿_____? –No, no se admiten animales.
f) ¿_____? –No, no está permitido llevar líquidos en el avión.
g) ¿_____? –Sí, ahora mismo le pongo un café solo.

10 Completa con la opción adecuada.

- Los señores González se alojan en el Hotel Miramar. Son los …
    a) huéspedes   b) recepcionistas   c) botones
- El vuelo va a llegar una hora tarde. Está…
    a) cancelado   b) retrasado   c) anulado
- La habitación del hotel es muy grande y tiene mucha luz. La habitación es…
    a) moderna y bonita   b) bonita y luminosa   c) amplia y luminosa
- Los viajeros del vuelo 456 deben acudir a la cinta 8 para recoger su …
    a) equipaje   b) equipaje de mano   c) carrito
- Hemos reservado el hotel en régimen de pensión completa, es decir, incluye alojamiento y…
    a) desayuno   b) desayuno y una comida   c) todas las comidas
- Sí, señor, ahora mismo le ayuda a subir las maletas a la habitación el …
    a) botones   b) recepcionista   c) camarero
- Los señores Pérez quieren una habitación que dé a la calle. Quieren una habitación…
    a) doble   b) interior   c) exterior
- Disculpe, para abrir la habitación necesitamos la…
    a) maleta   b) llave   c) barra

11 Ordena las frases y sustituye el pronombre por el posesivo correspondiente como en el modelo.

- Yo / padre / ser / director de un hotel. → *Mi padre es director de un hotel.*
- El botones / llevar / nosotros / maletas.
- El camarero / traer / él / comida.
- Tú / maletas / estar / en la recepción.
- Estos / ser / vosotros / cafés.
- Yo / sopa / tener / verduras.
- Ellos / vuelo / llegar / a las 17:15.
- Ella / habitación / encontrarse / en la segunda planta.

12 Mira estas expresiones. ¿Cuándo las utilizamos? Imagina una situación para cada una de ellas.

Buenos días   Que aproveche   **Muchas gracias**

Buen viaje   Hasta pronto

Por favor   Perdone   *Hola*

BLOQUE 1

13 Completa las frases con el verbo en la persona correcta del presente de indicativo.

a) Ana _____ (ser) chilena.
b) Este avión _____ (tener) cuatro salidas de emergencia.
c) Hoy _____ (viajar, yo) a París.
d) Señor, ¿_____ (preferir) ventana o pasillo?
e) María _____ (venir) esta tarde.
f) Buenos días, señora, ¿qué _____ (desear)?
g) El camarero _____ (traer) la cuenta a los señores.
h) Nosotros _____ (alojarse) en un hotel de lujo.
i) Carla _____ (escribir) tarjetas postales cuando viaja.
j) ¿Me _____ (poner, usted) otro café, por favor?
k) Todas las mañanas _____ (hacer, yo) el desayuno para los clientes del hotel.
l) ¿Ustedes _____ (venir) en el vuelo procedente de Londres?
m) La señora _____ (pedir) un bocadillo de jamón.
n) Vosotros _____ (querer) buscar un vuelo barato.

14 Escucha la conversación y toma el pedido de la mesa.

Pista 24

15 Completa con hay / está / están.

a. Perdone, ¿sabe si _____ una cafetería por aquí cerca?
b. Los pasajeros _____ en la cola de facturación.
c. La piscina _____ detrás del edificio principal del hotel.
d. _____ un baño cerca de la puerta de embarque.
e. La recepción _____ en la entrada del hotel.
f. En este hotel _____ servicio de habitaciones.
g. _____ una cosa extraña en mi sopa.
h. Los pasaportes _____ encima de la mesa. Cógelos antes de ir al aeropuerto.

Cuarenta y siete • 47

Repaso

16 Relaciona las siguientes frases.

1. El vuelo número 4567 procedente de
2. Mantengan sus pertenencias
3. ¿Una habitación doble
4. ¿Desea la señora un café solo
5. En breves momentos vamos a
6. Es la
7. Tengo una reserva
8. Tiene que pagar un suplemento
9. Siempre tomo zumo y una tostada
10. Nos quedamos de pie en la barra

a. para desayunar.
b. para utilizar el spa / balneario.
c. aterrizar en el aeropuerto.
d. Río de Janeiro, tiene un retraso de 20 minutos.
e. porque no hay mesa libre.
f. para dos personas.
g. una y media.
h. o un cortado?
i. siempre vigiladas.
j. o individual?

17 Completa.

¿Prefiere usted

1. aceite
2. ventana
3. zumo
4. azúcar
5. vino
6. exterior

o

a) cerveza?
b) sacarina?
c) leche?
d) mantequilla?
e) pasillo?
f) interior?

¿Y tú? ¿Qué prefieres? Escribe frases.
Yo *prefiero* las tostadas con mantequilla.

18 Clasifica estas palabras y escríbelas dentro de la casilla correspondiente.

Avión   Pasajero   Agua con gas   Salida de emergencia   Café solo   Azafata

Huésped   Leche   Piloto   Puerta de embarque   Mantequilla   Pan

Llave magnética   Minibar   Ventanilla   Tortilla   Sándwich   Sal

Cuchillo   Queso   Detector de metales   Refresco   Recepción   Cama supletoria

AEROPUERTO

Avión, _____

HOTEL

CAFETERÍA

• Cuarenta y ocho

BLOQUE 1

19 Completa las siguientes frases con las formas correspondientes del verbo gustar.

a. Me _____ más el té con limón.
b. ¿Te _____ bailar?
c. Me _____ mucho las tostadas con aceite.
d. Nos _____ comer y beber.
e. No les _____ volar en avión.
f. Os _____ el vino de Rioja.
g. Le _____ las habitaciones exteriores.
h. Os _____ los bocadillos de tortilla.
i. Te _____ los hoteles con spa y gimnasio.
j. Me _____ reservar por internet.

20 Completa las frases con los adverbios de cantidad y relaciónalas con cada fotografía.

Poco   Mucho   Bastante   Más   Nada

a) Si tienes *poco* dinero, ¿por qué no lo sacas del cajero automático?
b) A los españoles nos gusta _____ la tortilla de patatas. ¡Qué rica!
c) Los desayunos de este hotel son _____ variados.
d) La habitación doble es la _____ barata de todas.
e) No me gusta _____ viajar en avión. Me mareo y me encuentro mal.

Escribe una pequeña redacción sobre las cosas que te gustan o no utilizando los adverbios anteriores.

Repaso

21 Señala con una cruz la palabra que no se corresponda con las demás y explica por qué.

1	Azúcar	Sacarina	Cinturón X	Sal	"Cinturón" no es un alimento.
2	Refresco	Churros	Zumo de naranja	Café con leche	
3	Lámpara	Mesilla de noche	Caja fuerte	Azafata	
4	Camarero	Recepcionista	Ventana	Botones	
5	Rural	De playa	Pasajero	De lujo	
6	Doble	Té con limón	Individual	Suite	
7	Pasaporte	Maleta	Equipaje	Cuchara	
8	Botones	Director	Piloto	Recepcionista	

22 Completa las frases con la preposición correcta.

a) Hoy voy _____ Roma en el vuelo de las 07:00.
b) Son las 9:00 _____ punto.
c) Marta está ahora _____ la habitación del hotel.
d) Voy a viajar _____ mis amigas a la playa.
e) Ana y Wilson cogen el avión _____ Costa Rica.
f) Tenemos que embarcar _____ la puerta D87.
g) El mostrador de Aerolíneas Argentinas está _____ la terminal 1.
h) Me alojo _____ el hotel Palace.
i) La habitación 750 está _____ la séptima planta.
j) Quiero el café _____ azúcar. No me gusta el café dulce.

23 Relaciona las palabras con sus definiciones. Después, búscalas en la sopa de letras.

1. Responsable de una aeronave en vuelos comerciales.
2. Documento de identificación necesario para viajar al extranjero.
3. Parte de un hotel donde duermen los clientes.
4. Tipo de cama grande donde duermen dos personas.
5. Bebida típica de los ingleses.
6. Tipo de alojamiento más económico que un hotel.

a. Pasaporte
b. Té
c. Comandante
d. Cama de matrimonio
e. Hostal
f. Habitación

A	W	S	Ñ	Y	E	M	C	V	S	T	S	S	T	W	G	D
F	A	E	L	H	C	D	O	P	F	Ñ	J	M	H	C	C	G
R	C	A	M	A	D	E	M	A	T	R	I	M	O	N	I	O
L	N	M	P	B	R	W	A	S	S	T	R	P	S	T	B	T
X	D	O	M	I	D	I	N	A	Y	Y	T	W	T	S	G	S
E	B	P	P	T	Y	F	D	P	O	S	J	F	A	C	C	G
L	C	Y	I	A	R	D	A	O	D	Y	S	J	L	D	S	L
R	F	K	R	C	J	F	N	R	F	W	I	T	Y	G	L	G
J	A	I	R	I	F	A	T	T	U	I	R	T	P	K	J	P
B	B	K	U	O	A	T	E	E	R	A	K	F	B	L	K	J
M	R	I	F	N	A	R	B	T	U	B	T	I	U	F	M	B

BLOQUE 1

24 Juega con tus compañeros/as. Utiliza un dado y una ficha de color.

1 ... Salida — ¿Cómo te llamas?
2 Deletrea tu nombre
3 Una vuelta sin jugar
4 Contesta: ¿qué hora es?
5 De hotel a hotel y juego como él...
6 Contesta: ¿De dónde es esta bandera?
7 Contesta: ¿Qué idioma hablas?
8 Di los nombres de las bebidas que ves
9 Cuánto es: 10 + 8 = ...
10 Otro hotel...
11 De hotel a hotel...
12 Responde: ¿qué te gusta más, el agua con gas o sin gas?
13 Lee esta matrícula de coche
14 Completa con el verbo ir. Yo...
15 Responde: ¿Cuántos grados hay?
16 De hotel a hotel...
17 Vuelve a la casilla de salida...
18 a
19 b
20 Contesta: ¿Qué ves?
21 Di los días de la semana...
22 ¿Qué color falta en este arco iris?
23 Hotel de 5 estrellas — ¡Bienvenido!

1 Por turnos. Tira el dado y avanza el número de casillas que indique.

2 Responde a la pregunta que encuentres en la casilla en la que caigas. Si aciertas puedes continuar avanzando.

3 Si no eres capaz de contestar correctamente, quédate en la casilla y pasa el turno a tu compañero/a.

4 Presta atención a las casillas con la imagen del hotel. Si caes en una de ellas avanzarás directamente hasta la siguiente con la misma imagen.

5 Cuidado con la casilla número 16. Si caes en ella debes retroceder hasta la salida y comenzar la partida de nuevo.

Cincuenta y uno • 51

4 En esta unidad vas a aprender a:

- Reservar un viaje en una agencia.
- Organizar un viaje / una excursión.
- Pedir y dar permiso.
- Prohibir.
- Hacer recomendaciones.
- Pedir información sobre un lugar y dar indicaciones.
- Gestionar una reclamación.

¿Conoces estos lugares?
¿Dónde están?
¿Qué puedes visitar en ellos?

1 Escucha el diálogo.

Pista 25

Herien: Queremos información sobre viajes a las Islas Canarias de una semana de duración.
Agente: Muy bien. ¿Van por trabajo o por placer?
Raquel: Vamos de vacaciones. Queremos hacer turismo ecológico y visitar al menos dos islas: Tenerife, para subir al Teide, y Lanzarote, para ver el Parque Nacional de Timanfaya.
Agente: Muy bien, tengo un viaje organizado con un precio muy interesante.
Herien: ¿Con todo incluido?
Agente: Es un paquete. Con vuelo chárter a Tenerife y luego transporte en autobús y jeep al Teide. También se visita el Drago Milenario y algunas playas famosas de Tenerife. Después hay un pequeño crucero por las islas orientales que para un día entero en Lanzarote. Son siete noches.
Raquel: ¿A cuánto sale?
Agente: Ahora mismo hay una oferta de 500 euros por persona. Incluye viaje, alojamiento en habitación doble, traslados desde el aeropuerto, los barcos, pensión completa y guía.
Herien: ¡Qué bien! ¿No hay más gastos?
Agente: Bueno, las tasas de los aeropuertos. Aquí tienen un catálogo donde pueden ver los hoteles y las fotos de los lugares que pueden visitar, con un itinerario detallado.
Herien: ¡Qué bonito! Pues creo que sí nos interesa.
Agente: Si me dan sus nombres y me dejan un depósito del 50%, puedo hacer ya la reserva. El resto lo pueden abonar al recoger su bono.

Léxico

- Paquete
- Vuelo chárter
- Crucero
- Traslado
- Itinerario
- Depósito
- Reserva

2 Elige la respuesta correcta

a) ¿A dónde quieren ir?
☐ A las Islas Canarias.
☐ A las playas de Levante.
☐ A las islas Baleares.

b) ¿Qué quieren ver?
☐ Dos parques nacionales.
☐ El Drago milenario.
☐ Tenerife.

c) ¿Cuánto cuesta el viaje?
☐ 500 euros por persona.
☐ Menos de 500 euros.
☐ 50 euros.

¡Te toca! Lee el diálogo con tu compañero/a. Después, representad una situación parecida.

En la agencia

BLOQUE II
unidad 4

❸ Relaciona los dibujos con las palabras.

1. g.

a. Lago
b. Costa
c. Isla
d. Mar
e. Continente
f. Ciudad
g. Desierto
h. Montaña
i. País
j. Selva

2.

3.

4.

5.

6.

7.

8.

9.

10.

❹ Ordena las siguientes acciones.

☐ Visitar los lugares de interés.
☒ Decidir un destino.
☐ Ir a la agencia de viajes.
☐ Hacer las maletas.
☐ Organizar el itinerario.
☐ Coger un vuelo / tren / autobús / barco.
☐ Llegar al destino.
☐ Ir a la oficina de turismo del lugar.

Expresiones clave

- Viajar por trabajo / placer
- Viaje de fin de curso
- Planear un viaje
- Pedir información turística
- Reservar un paquete vacacional
- Organizar el itinerario
- Consultar una guía turística
- Visitar los lugares de interés
- Viajar en temporada alta / baja
- Dejar un depósito
- Hacer una excursión
- Contratar un guía turístico
- Viajar en clase turista / preferente
- Buscar una oferta

❺ ¿Quién dice las siguientes frases, el agente o el cliente?

a. Queremos hacer la reserva para la primera quincena de agosto. → *el cliente*
b. Lo siento mucho, pero para esas fechas está todo completo. →
c. No hay vuelos directos a Nueva York, tiene que hacer una escala. →
d. ¿Está todo incluido o hay que abonar alguna tasa más? →
e. Allí pueden contratar un guía turístico para que les enseñe la ciudad. →
f. ¡Vaya! ¿No podemos contratar ninguna excursión? →
g. Hay un autobús para el traslado desde el aeropuerto al hotel. →
h. Este lugar tiene muchos monumentos para visitar. →
i. ¿Quiere su billete en clase turista o preferente? →
j. Tiene que dejar un depósito de 300 euros. →
k. No, viajo por placer. Tengo una semana de vacaciones. →
l. Perfecto, el viaje le va a salir muy económico. Es temporada baja. →

 ¡Te toca! Busca información de cuándo es temporada alta, temporada media y temporada baja en España. ¿Y en tu país? ¿Cuándo es más barato viajar? ¿Cuándo es más caro?

En la agencia — La vida misma

6 Lee la información turística sobre el Teide y contesta a las preguntas.

> Situado en el centro de la isla de Tenerife, el Teide es un volcán de 3718 metros de altitud sobre el nivel del mar y más de 7000 metros sobre el suelo oceánico. Es el pico más alto de la isla y de toda España, y el tercer volcán más alto del mundo desde su base.
>
> Se encuentra en el Parque Nacional del Teide, espacio natural declarado Patrimonio de la Humanidad. Es el tercer parque natural más visitado de toda Europa con una media anual de más de cuatro millones de turistas.
>
> En la antigüedad, el Teide era un volcán sagrado para los aborígenes canarios, y recibía el nombre de "Echeyde", que significa "el maligno". En la actualidad, es uno de los atractivos turísticos más importantes de la isla por lo que su acceso es fácil en coche y en autobús.
>
> Existe también un servicio de teleférico que permite subir al pico del volcán.

a) ¿Sabes qué es un Parque Natural?
b) ¿Qué es el Teide? ¿Dónde está?
c) ¿Qué altitud tiene?
d) ¿Cómo se puede acceder al volcán?

Comunicación

- **Situar un lugar**
  El Teide se encuentra situado en el centro de la isla.
  El volcán está situado en el Parque Nacional.

- **Pedir y dar permiso**
  Se puede hacer fotos.
  No se puede dar de comer a los animales.
  ¿Está permitido hacer fotos?

- **Prohibir**
  Prohibido dar comida a los leones.
  No comer.
  Está prohibido hacer fotos a los leones.

- **Expresar obligación**
  Es obligatorio llevar ropa cómoda.

7 Escribe un pequeño texto como el anterior a partir de los datos sobre el Bosque de los Tilos en la isla de La Palma.

- Bosque de los Tilos, reserva natural de 500 hectáreas.
- Espacios con agua y cataratas.
- La Palma, norte de la isla.
- Zonas de recreo y rutas a pie.
- Vegetación variada y árboles, especialmente tilos.
- Belleza y originalidad del paisaje.

Pista 26

8 Estos son otros lugares de las Islas Canarias. Escucha y relaciona con las fotos.

9 Habla con tu compañero/a.

a) ¿Te gustaría conocer las Islas Canarias? ¿Conoces otras islas?
b) ¿Hay algún lugar en tu país parecido a los anteriores?
c) ¿Te gusta el turismo natural o prefieres el turismo urbano?
d) Imagina que te vas a las islas Canarias una semana y solo puedes llevar cinco cosas. ¿Qué llevas?

 ¡Te toca! En pequeños grupos, buscad información sobre algún lugar natural de un país hispanohablante y presentad la información a la clase.

Léxico

Unidades de medida

- Longitud
  centímetro (cm)
  metro (m)
  kilómetro (km)
- Superficie
  cm^2
  m^2
  km^2

La vida misma — BLOQUE II — unidad 4

10 Escucha la conversación en la agencia de viajes entre dos personas y ordena las frases.

- ☐ Muy bien. ¿Les interesa alquilar también un coche para poder conocer bien la isla y sus playas?
- ☐ A nombre de Raquel Pacheco.
- ☐ No, solo alojamiento y desayuno porque por el día vamos a hacer excursiones.
- ☐ Una semana. Bueno, ocho días y siete noches.
- ☐ Por supuesto.
- ☐ ¿Quieren contratarlas ya?
- ☐ Estupendo. El vuelo también lo reservo. ¿A qué nombre hago la reserva?
- ☐ Sí, queremos contratarlas. Un día queremos visitar el Parque Nacional del Teide y otro día hacer un crucero por las islas.
- **1** Muy bien, entonces, un viaje a Tenerife. ¿Cuántos días?
- ☐ ¿Aceptan tarjetas de crédito?
- ☐ Perfecto, siete noches… ¿Pensión completa?
- ☐ Vale, es una buena idea tener un coche para poder conocer bien la isla.
- ☐ Sra. Pacheco, tiene que dejar un depósito del 50 % del precio del viaje.

11 Completa el itinerario de la excursión con la palabras del recuadro.

La excursión a Timanfaya

- 8:30 Desayuno.
- 9:00 Salida del hotel. El autobús nos recogerá en la ⬚ principal.
- 10:00 Llegada al puerto para tomar el ⬚ a la isla de Lanzarote.
- 10:30 Llegada a isla de Lanzarote.
- 11:00 Llegada al parque. Visionado de un ⬚ explicativo sobre el parque.
- 11:30 ⬚ al parque. Ruta en autobús.
- 12:30 ⬚ en camello.
- 13:30 Tiempo ⬚ en la zona de ocio y cafetería.
- 15:00 Visita ⬚ al museo del parque.
- 16:00 Salida del autobús hacia el ⬚.
- 16:30 Vuelta en avión.
- 17:30 ⬚ al hotel y fin de la excursión.

INFORMACIÓN DE INTERÉS
- Se ruega puntualidad.
- Comida no incluida.
- Se recomienda llevar ropa cómoda, protección solar y gorra.
- La ruta en camello no es obligatoria, es opcional. Precio: 10 euros.
- La agencia no se hace responsable de los posibles cambios en el horario.
- Está permitido tomar fotos en las rutas al aire libre pero no en el museo.
- Prohibido dar de comer a los animales.

visita	aeropuerto	libre
avión	guiada	ruta
puerta	llegada	vídeo

12 Di si son verdaderas (V) o falsas (F) las siguientes afirmaciones.

- a. La excursión comienza a las 9:00. **V**
- b. Todo el viaje se hace en autobús. ☐
- c. En el parque hay un museo. ☐
- d. Se puede hacer una ruta en camello. ☐
- e. Va a haber cambios en el horario. ☐
- f. El viaje en barco cuesta 10 euros. ☐
- g. Está permitido tomar fotos en la excursión. ☐
- h. La excursión termina en el hotel. ☐
- i. Es obligatorio llevar ropa cómoda. ☐
- j. Está prohibido llevar comida. ☐

¡Te toca! Busca frases en los ejercicios anteriores que sirvan para prohibir, permitir o hacer recomendaciones.

En la agencia

En contexto

13 Lee el texto y contesta a las preguntas.

MADRID EN DOS DÍAS

¿Quieres visitar una de las ciudades más modernas y cosmopolitas de España? Te proponemos un viaje a Madrid de tres días y dos noches para conocer sus rincones con más encanto. Te acompañamos a descubrir sus lugares más típicos del **casco histórico** con sus **monumentos,** sus edificios, sus calles y su ritmo de vida.

Un viaje que debes hacer si quieres ver la famosa **Plaza Mayor,** en el centro de la ciudad, cerca de la Puerta del Sol y de la Gran Vía, una de las **calles principales;** el **Palacio Real,** residencia de reyes hasta principios del siglo XX; las **iglesias** y conventos religiosos; **museos** como el Prado, el Reina Sofía o el Thyssen, donde puedes ver cientos de cuadros de los artistas internacionales más famosos; **fuentes** como la Cibeles; o los modernos **rascacielos** que forman el paisaje urbano de Madrid; paseos por **parques** como el Retiro, un lugar verde en el corazón de la ciudad; y otras muchas actividades.

El viaje incluye:
- Vuelos y traslados desde el aeropuerto.
- Estancia en hotel de 3 estrellas.
- Media pensión (desayuno y cena).
- Visitas guiadas a los monumentos.

El viaje no incluye:
- Tasas del aeropuerto.
- Comidas.
- Entradas a monumentos y museos.

VIAJES LA CASTAÑUELA
Telf.: 0034 91888888
www.lacasta.españa

a) ¿De qué ciudad habla el texto?
b) ¿Qué cosas se pueden visitar en esta ciudad?
c) ¿Qué son el Prado y el Reina Sofía?
d) ¿Está el desayuno incluido en el precio del viaje?
e) ¿Qué cosas no están incluidas en el precio del viaje?
f) ¿Conoces el significado de las palabras en negrita?

14 Escribid en parejas un diálogo para la siguiente situación.

A

Quieres contratar el viaje a Madrid y llamas por teléfono a la agencia para conocer algunos datos.

Quieres saber:
- Localización y características del hotel.
- Tipo de desayuno y cena.
- Museos que se van a visitar.
- Lugar, día y hora de salida de los vuelos.
- Precio del viaje.
- Otras actividades que se ofrecen.

B

Trabajas en la agencia La Castañuela y contestas a las preguntas sobre el viaje a Madrid.

Información y datos de interés:
- Hotel céntrico, nuevo, con spa.
- Desayunos y cenas tipo bufé.
- Visita al Prado y Reina Sofía.
- Salidas desde Barcelona. Viernes, 7 am.
- Precio del viaje: 240 euros.
- Actividad opcional: flamenco.

Pista 28

15 Bienvenido al bus turístico de Madrid. Escucha el audio y completa la tabla.

Lugar			
Nombre			
Datos de interés			
Precio			
Hora de visita			

En contexto BLOQUE II unidad 4

16 ¿Quieres ser guía turístico? Lee los datos y escribe un texto sobre la Mezquita de Córdoba.

- Mezquita, Córdoba.
- Construcción religiosa.
- Iglesia árabe del siglo XII.
- Modificada por los cristianos.
- 23 000 metros cuadrados.
- La segunda más grande después de la Meca.

17 Estás en el Museo del Prado. Escucha las indicaciones. ¿Dónde estás ahora?

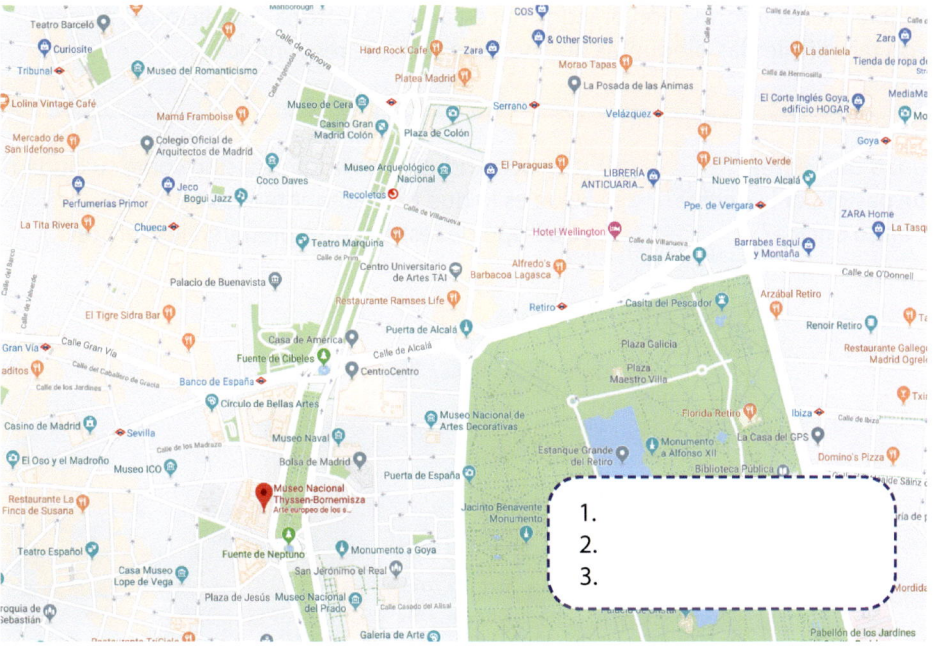

1.
2.
3.

Comunicación

Dar indicaciones

- Arriba
- Abajo
- Todo recto
- Al fondo
- Gire a la izquierda
- Gire a la derecha
- De frente
- La primera a la derecha

18 Habla con tu compañero/a. Elige un lugar en el mapa y pregúntale cómo llegar…

a. a los jardines del Descubrimiento.
b. a la parada de metro más cercana.
c. a la Calle Sagasta.
d. a la calle Jorge Juan.

19 Relaciona las preguntas con las respuestas.

1. Perdone, ¿sabe dónde hay una tienda de recuerdos por aquí cerca?
2. Disculpe, busco una oficina de turismo.
3. ¿Puede decirme qué autobús tengo que coger para ir al centro de la ciudad?
4. Buenas tardes, ¿dónde está la estación de metro más cercana?

a. Puede coger el 56 para llegar al centro. Es la última parada.
b. No, cerca no hay ninguna. Tiene que seguir todo recto por esta calle hasta llegar al centro y allí hay varias.
c. Mmm, a ver… Sí, tiene una cerca. Debe girar a la derecha por esta calle y seguir recto unos 50 metros.
d. Tiene que cruzar la calle. Está ahí, en frente. Allí tiene información de los lugares que puede visitar en la ciudad.

Comunicación

Pedir informaciones sobre un lugar y dar indicaciones

▶ Disculpe… ¿Sabe dónde está el museo del Prado?
• Sí, tiene que subir la calle.

▶ ¿Puede decirme dónde está el jardín Botánico?
• Está muy cerca de aquí.

▶ ¿Hay un parque por aquí?
• Hay uno a cien metros de aquí.

 ¡Te toca! Con tu compañero/a, haz una lista con las palabras que utilizamos para dar indicaciones.

En la agencia

Profesionales

20 Andrea trabaja en la oficina de turismo de su ciudad. Lee el texto y contesta a las preguntas.

Hola, soy Andrea y trabajo en la oficina de turismo de mi ciudad. Todos los días pasan por aquí muchos turistas, españoles y extranjeros, y nos piden información sobre los lugares turísticos y los monumentos para visitar en la ciudad. También nos preguntan por los precios y los horarios para las visitas y la posibilidad de contratar guías. Nosotros organizamos visitas guiadas por precios muy económicos, pero hay que reservarlas con antelación.
Además los turistas quieren degustar la gastronomía y conocer los restaurantes típicos de la ciudad, sobre todo baratos, y la vida nocturna y los bares para tomar una copa. El transporte y sus horarios también les interesan mucho. Los visitantes quieren tener información práctica y acercarse a la historia y tradiciones. A veces, son tan difíciles las preguntas que no sabemos qué responder.

a) ¿Hay mucho turismo en la ciudad de Andrea?
b) ¿De donde son los turistas que pasan por la oficina?
c) ¿Se organizan visitas guiadas en su oficina?
d) ¿Conoce Andrea toda la información sobre su ciudad?
e) ¿Qué es lo que más preguntan los turistas?
f) ¿Qué tipo de restaurantes prefieren los turistas?

Léxico

- Comprar entradas
- Preparar el itinerario
- Dar indicaciones
- Enseñar monumentos
- Recomendar lugares

21 Escucha y contesta a las preguntas.

Pista 30
a) ¿Qué estudios tiene Joana?
b) ¿Qué le gusta más de su profesión?
c) ¿Qué le gusta menos?

22 Habla con tu compañero/a sobre las ventajas e inconvenientes de ser guía turístico.

 ¡Te toca! Elige una ciudad del mundo e imagina que trabajas en la oficina de turismo. Busca información sobre:

- Turismo cultural: museos, edificios, monumentos importantes de la ciudad, etc.
- La gastronomía: platos típicos, productos de la zona, restaurantes donde comer, etc.
- Informaciones prácticas: horarios, transportes, zonas para salir, etc.
- Costumbres de la vida diaria.
- Fiestas y tradiciones.

Después, tu compañero te pedirá todo tipo de información sobre la ciudad que has elegido.

Atención al cliente  BLOQUE II — unidad 4

23 Estas viajeras tienen problemas con el viaje contratado en la agencia. Completa el diálogo y escucha el audio.

El cliente siempre tiene la razón

Pista 31

Raquel: Buenos días.
Agente: (saluda y le dice que pase y se siente)
Raquel: Mire, soy Raquel y hace unos días estuve aquí para reservar un paquete vacacional a las Islas Canarias. ¿Se acuerda de mí?
Agente: (el agente se acuerda de Raquel y del viaje)
Raquel: Pues mire, tenemos un problema. Herien, mi compañera, se ha caído y se ha roto una pierna. Quería saber si hay posibilidad de anular el viaje porque no puede andar.
Agente: (el agente le pregunta por el seguro de cancelación)
Raquel: No, creo que no. Hemos pagado un depósito del 50 por ciento del precio del viaje.
Agente: (le dice que no puede devolverles el dinero)
Raquel: ¡Qué disgusto! ¡Es que es mucho dinero! ¿Tampoco es posible un cambio de fechas?
Agente: (no es posible por los billetes de avión)
Raquel: ¿Y no hay ninguna solución?
Agente: (el agente les da algunas soluciones)
Raquel: ¡Ah, pues es verdad!
Agente: (el agente comenta que puede hacer muchas cosas aunque vaya en silla de ruedas)
Raquel: Claro, claro.
Agente: (el agente le dice que no podrá hacer algunas rutas, ni ir en camello)
Raquel: *No importa. Al menos podemos viajar. ¡Qué bien! Muchas gracias por su ayuda.*

LA TAREA

¿Vacaciones de verano? En grupos, vais a organizar vuestro viaje.

1 Han terminado las clases y queréis organizar un viaje de fin de curso de una semana. Id a una agencia de viajes y pedid folletos con diferentes ofertas.

2 ¿Playa? ¿Montaña? ¿Aventura? ¿Turismo urbano? Decidid vuestro destino con los folletos.

3 Estudiad las ofertas. Debéis buscar algo económico, que incluya el transporte hasta el lugar y, al menos, media pensión. El hotel debe estar céntrico.

4 Buscad información sobre los lugares que podéis visitar en vuestro destino y haced un itinerario para la semana de estancia.

5 Explicad vuestro viaje al resto de la clase: destino, condiciones, precio, plan de turismo, etc.

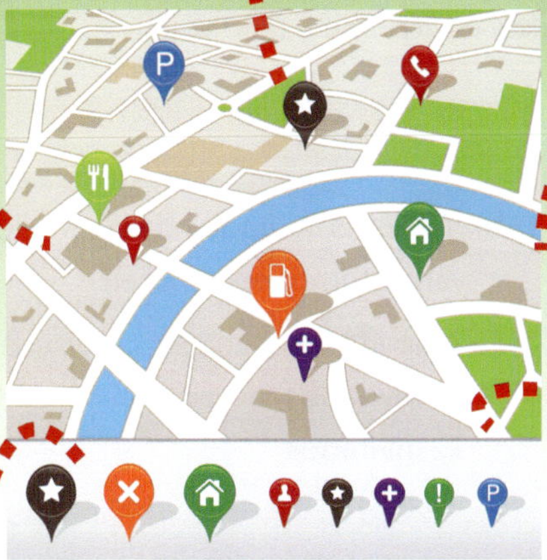

5 En esta unidad vas a aprender a:

- Reservar los servicios de un hotel.
- Atender llamadas telefónicas.
- Reservar una habitación por teléfono.
- Redactar invitaciones formales.
- Describir algunos puestos de trabajo.

¿Quiénes son?
¿Dónde están?
¿Qué hacen?

1 Escucha el diálogo.

Pista 32

Relaciones Públicas: Este es el salón donde vamos a servir el cóctel.
Sr. Muller: ¿Cuántas personas caben aquí?
RR. PP.: Unas cuatrocientas. Y por aquí, a la derecha, tenemos el Salón Real.
Sr. Muller: ¡Ah! Es muy bonito. ¿Las mesas son siempre redondas?
RR. PP.: Sí, pero en su cena podemos poner varias mesas rectangulares para los novios y las familias. En cada mesa caben doce personas.
Sr. Muller: ¿Puedo ver las habitaciones y la suite nupcial?
RR. PP.: Claro, acompáñeme a los ascensores, por favor. Usted desea reservar diez habitaciones individuales, doce dobles y una suite nupcial, ¿verdad?
Sr. Muller: Sí, la suite para los novios es solo para la noche del sábado, pero las demás habitaciones son para tres días. Quizá alguno de nuestros invitados se quede más tiempo para conocer la ciudad.
RR. PP.: No hay problema, Sr. Muller, tenemos habitaciones suficientes.
Sr. Muller: ¿Me podría enseñar, por favor, las demás instalaciones del hotel?
RR. PP.: ¡Claro! Bueno, aquí en la planta baja está la recepción, la conserjería, la agencia de viajes, los restaurantes, los salones para celebraciones y la terraza.
Sr. Muller: Muy bien. También he visto que hay tiendas y una peluquería.
RR. PP.: Y no solo eso, a la izquierda de la peluquería está la entrada al gimnasio y la piscina. Y nuestro centro de negocios está en la primera planta.

Léxico

En el hotel
- Relaciones públicas
- Cóctel
- Conserjería
- Gimnasio
- Piscina
- Instalaciones
- Celebración
- Centro de negocios

2 Elige la respuesta correcta.

a) ¿Qué va a celebrar el Sr. Muller en el hotel?
- ☐ Un congreso
- ☐ Una boda
- ☐ Un aniversario

b) ¿Cuántos invitados del Sr. Muller van a dormir en el hotel?
- ☐ 89 invitados
- ☐ 34 invitados
- ☐ 12 invitados

c) ¿Cómo se va a festejar la celebración?
- ☐ Con un cóctel
- ☐ Con un cóctel y una cena
- ☐ Con una cena

¡Te toca! **Lee el diálogo con tu compañero/a. Después, representad una situación parecida.**

Los servicios de un hotel

BLOQUE II
unidad 5

3 Relaciona las imágenes con las instalaciones de un hotel. ¿Conoces otras diferentes?

 1. d.
 2.
 3.
 4.
 5.
6.
 7.
 8.
9.

a. Piscina
b. Gimnasio
c. Tienda
d. Peluquería
e. Campo de golf
f. Pista de tenis
g. Jardín
h. Sala de convenciones
i. Salón de banquetes

4 Señala en qué lugar de los anteriores puedes hacer estas cosas.

1. Hacer pesas. ☐
2. Jugar al tenis. ☐
3. Comprar ropa. ☐
4. Jugar al golf. ☐
5. Tomar algo y descansar. ☐
6. Nadar unos largos. ☐
7. Dar un paseo. ☐
8. Celebrar una reunión. ☐
9. Celebrar una boda. ☐
10. Cortarte el pelo. ☐

5 ¿Quién dice las siguientes frases, el encargado o el cliente?

• Lo sentimos, pero las pistas de tenis están ocupadas a esa hora. → *el encargado*
• ¿Es gratuito el uso de la sauna? →
• Por favor, quiero unas toallas para la piscina. →
• Claro, pueden sentarse a tomar algo en la terraza. →
• La sala de congresos está justo al lado de la cafetería. →
• ¿Quieren reservar hora para la peluquería? →
• El spa tiene un coste adicional así que mejor nos vamos a la piscina. →
• ¿Dónde puedo aparcar el coche? →
• ¿Podemos desayunar a las 10? →

Expresiones clave

• Utilizar las instalaciones
• Preguntar el horario del desayuno
• Hacer una reserva telefónica
• Organizar un evento
• Asistir a una celebración
• Celebrar una boda
• Reservar las pistas de tenis
• Relajarse en el spa
• Hacer ejercicio en el gimnasio
• Pagar un coste adicional

Los servicios de un hotel

La vida misma

6 Lee con atención los folletos del Hotel Escudo Real y contesta a las preguntas.

El Hotel Escudo Real comunica a sus distinguidos clientes la apertura del nuevo Salón para conferencias. Esta nueva sala dotada de todos los medios técnicos y audiovisuales tiene un aforo de 1 500 personas por lo que resulta ideal para la celebración de todo tipo de congresos.

Para recompensar la fidelidad de nuestros clientes, ofrecemos a los ejecutivos que asistan a convenciones y congresos, las siguientes ventajas:

- Habitación doble de uso individual.
- Servicio gratuito de guardería (24 horas).
- Utilización gratuita del spa.
- Desayuno continental gratuito.

El Hotel Escudo Real tiene el gusto de informar a sus clientes de la apertura de un nuevo Salón para banquetes. Este nuevo espacio permite la celebración de bodas, aniversarios, comuniones, bautizos, etc. La capacidad del recinto es de 500 personas. Tiene además una carpa en los jardines que es ideal para cócteles. Posibilidad de música en directo.

Para recompensar la fidelidad de nuestros clientes ofrecemos las siguientes ventajas:

- Noche gratuita en una suite para los homenajeados.
- Alojamiento para los comensales con un descuento del 15 por ciento.
- Posibilidad de cita en la peluquería y centro de belleza del hotel para todos los invitados.

a) ¿Qué anuncian los dos folletos?
b) ¿Qué tipo de eventos pueden celebrarse en el salón para conferencias?
c) ¿Qué se puede celebrar en el Salón para banquetes?
d) ¿Qué capacidad tienen las dos nuevas salas?
e) ¿Qué ventajas tienen para los padres con niños que asisten a un congreso?
f) ¿Qué otros descuentos tienen los clientes del Salón de banquetes?

7 Eres el recepcionista del hotel y un cliente necesita información. Mira el plano y responde.

Cliente: Buenos días, ¿puede decirme dónde se sirve el desayuno?
Recepcionista: _____
Cliente: ¿Y dónde está la cafetería, por favor?
Recepcionista: _____
Cliente: ¿Puede decirme también donde están los servicios, por favor?
Recepcionista: _____
Cliente: Muchas gracias. Por cierto, esta tarde tengo un congreso en el Salón II. ¿Puede indicarme dónde se encuentra?
Recepcionista: _____
Cliente: Muchas gracias.
Recepcionista: _____

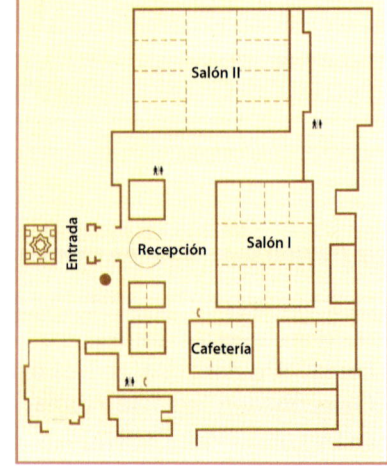

Léxico

Celebraciones
- Boda
- Bautizo
- Cumpleaños
- Aniversario

¡Te toca! Busca información sobre las celebraciones en España: bodas, bautizos, comuniones, cumpleaños. ¿Son iguales en tu país? Habla con tus compañeros/as.

La vida misma

BLOQUE II — unidad 5

8 El Sr. González reserva una habitación por teléfono. Escucha y contesta a las preguntas.

a) ¿Cuándo quiere alojarse en el hotel el Sr. González?
b) ¿Hay habitaciones disponibles?
c) ¿Cuántas habitaciones quiere reservar?
d) ¿Cuántas reserva finalmente?
e) ¿Cuánto cuesta la habitación por noche?
f) ¿Hay alguna oferta en el hotel?
g) ¿A qué hora tienen que dejar la habitación el día de salida?

9 Relaciona las preguntas con las respuestas.

1. ¿Tienen habitaciones libres para este fin de semana?
2. ¿Cuál es el precio de la habitación por noche?
3. ¿Está incluido el desayuno?
4. ¿Tienen actividades para niños?
5. ¿A nombre de quién hago la reserva?
6. ¿Puede poner una cama supletoria en la habitación?
7. ¿Para qué fechas quiere reservar la habitación?
8. ¿A qué hora debemos dejar la habitación?

a. Antes de las doce de la mañana.
b. De la Sra. Ruipérez.
c. Sí, tenemos un animador y un servicio de guardería.
d. El precio es de 75 euros la habitación doble y 60 la individual.
e. Sí, tenemos disponibilidad de alojamiento.
f. Sí, pero tiene que pagar un suplemento de 10 euros.
g. Queremos entrar el viernes 18 y salir el domingo 20.
h. Sí, es tipo bufé.

10 Completa los diálogos con las palabras del recuadro.

a
- Quisiera una habitación doble del 18 al 25 de _____.
- Un momento, le pongo con _____ _____.

b
- ¿Me podría decir _____ de la _____, en agosto?
- En _____ las habitaciones cuestan 80 euros.

c
- ¿Me puede decir si ustedes cambian _____?
- Claro que sí. Baje a recepción y allí al lado, en _____ le podemos cambiar.

d
- ¿Me puede _____ con la 871?
- Lo siento _____ _____ ¿quiere que le deje algún mensaje?

- reservas
- poner / pasar
- temporada alta
- enero
- la línea comunica
- la caja
- el precio
- dólares
- habitación doble

¡Te toca! Con tu compañero/a, inventa un diálogo entre el cliente y el recepcionista para reservar una habitación en un hotel. Puedes utilizar la información del Hotel del Arte.

Hotel del Arte ★★★★

El **Hotel del Arte** ofrece los mejores servicios e instalaciones de Barcelona. Famoso desde 1920, nuestro hotel se ha renovado este año para continuar satisfaciendo a los clientes más exigentes del mundo.

SERVICIO A NUESTROS CLIENTES
- Prensa gratuita en la habitación.
- Servicio de habitaciones con bebidas, platos fríos y calientes las 24 horas.
- Masaje.
- Limpieza y cambio de toallas dos veces al día.
- Productos de aseo para señoras, caballeros y niños.
- Internet en la habitación.
- Aparcacoches.
- Lavandería y limpieza en seco 24 horas.

OTROS SERVICIOS
- Gimnasio.
- Centro de negocios.
- Traslado gratuito desde el aeropuerto.
- Piscina cubierta climatizada y piscina exterior.
- Minigolf.
- Alquiler de coches (con y sin conductor).

Los servicios de un hotel

En contexto

11 Lee los siguientes mensajes que han dejado en el hotel y señala si las siguientes informaciones son verdaderas (V) o falsas (F).

a. Hotel Castilla
Hora: 10:30
Fecha: 11 de noviembre de 2015
Recepcionista: Sara Wilkins
Cliente: Sr. Yakamoto
Número hab: 1928
Mensaje: La Sra. Noriko Higuchi va a venir a recogerle mañana a las 8 de la mañana para ir con el grupo a la excursión a Toledo. Avisar que hace frío y llueve. Es mejor llevar un paraguas y ropa de abrigo.

b. Hotel Liébana
Habitación número: 807
Día: 01/05/15
Hora: 16:30
Mensaje: D. Luis Gómez Rosado pide disculpas y avisa de que no puede venir a la cita de las 8, porque su avión tiene dos horas de retraso. Llamará al Sr. Depatasi a su llegada a Barcelona. Su móvil es 683274959.
Fdo: Ángel Baena

c. Hotel El Medievo
Huésped: Sres. de López
Habitación: 294
Hora: 19:00
Fecha: 02-06-15
Nota: El huésped de la 672 les espera en la cafetería esta noche a las 9 para preparar el plan de mañana.

Nombre telefonista: Elisabeth Salfranca

	V	F
a. Los señores López se alojan en el Hotel Liébana.	☐	☐
b. La Sra. Gómez tiene un mensaje del Sr. Yakamoto.	☐	☐
c. El Sr. Luis López anula su cita de las 8 con el Sr. Depatasi.	☐	☐
d. Elisabeth Salfranca trabaja en el Hotel Liébana.	☐	☐
e. Sara Wilkins tiene una cita con la Sra. Noriko a las 8 de la mañana.	☐	☐
f. Ángel Baena ha dejado un recado para Luis Gómez Rosado.	☐	☐
g. La excursión a Toledo del Sr. Yakamoto está suspendida por la lluvia.	☐	☐
h. La cita de los Sres. De López y el huésped de la 672 es en la cafetería del hotel.	☐	☐

Comunicación

Hablar por teléfono
- Diga / Dígame
- ¿Quién es?
- ¿De parte de quién?
- Enseguida se pone
- Le paso la llamada
- No está, llame más tarde por favor
- ¿Quiere dejar un recado?
- Lo siento. Comunica

12 Escucha el audio y ordena el diálogo. Después, escribe el mensaje para el cliente.
Pista 34

☐ Sí, señora, enseguida le pongo.
☐ Sí, por favor. Dígale que la rueda de prensa va a ser a las cinco en el salón Escudo. Van a venir cuarenta periodistas acreditados. Dígale que llegaré media hora antes.
☐ Gracias. Sí, espero.

☐ ¿Me dice su nombre, por favor?
[1] ¿Me puede poner con el Sr. Artur Bujol?
☐ Lo siento señora, pero el Sr. Bujol no contesta. ¿Quiere dejarle un mensaje?
☐ Sí, claro, soy Anna Pons.

 ¡Te toca! Escucha y completa el siguiente diálogo entre la telefonista y un huésped.

Pista 35

Cliente: Por favor, ¿me puede poner con la habitación de Idoia Elorzagaleta?
Telefonista: _____.
C: Idoia es el nombre. Elorzagaleta es el primer apellido. El segundo es Medicoechevarria de Aturmendi.
Telefonista: _____.

C: E-L-O-R-Z-A-G-A-L-E-T-A
Telefonista: _____.
C: No, gracias. No hace falta. Llamo yo directamente. ¿Tengo que marcar algún prefijo antes?
Telefonista: _____.
C: Muy bien, gracias. Adiós.

En contexto BLOQUE II unidad 5

13 Lee el siguiente texto y contesta a las preguntas.

Nombres y apellidos

En España y en la mayoría de los países de habla hispana las personas tienen un nombre y dos apellidos. El nombre puede ser simple, como *Rosa*, o compuesto como *Ana Rosa*. Además, hay nombres que sirven tanto para hombres como para mujeres según el orden. Así, *José María* es un nombre masculino y *María José* femenino. También es frecuente que dos miembros de una familia se llamen igual.

Normalmente, el primer apellido de una persona es el primer apellido de su padre, y el segundo es el primero de su madre. También, si los padres lo desean, puede colocarse antes el de la madre y después el del padre, pero no es lo habitual. A diferencia de otros países, las mujeres no pierden su apellido cuando se casan.

Algunas personas se cambian el nombre o los apellidos porque no les gustan o porque la combinación puede ser extraña, como por ejemplo *Dolores Fuertes de Barriga* o *Martín Martín Martín*.

Léxico

La familia
- Padre / madre
- Hermano / hermana
- Abuelo / abuela
- Nieto / nieta
- Tío / tía
- Sobrino / sobrina
- Primo / prima

a) ¿Crees que el nombre afecta al carácter de una persona?
b) ¿Te gusta tu nombre?
c) ¿Piensas que es útil el sistema español para poner los apellidos?
d) ¿Cómo son los nombres y apellidos en tu país?
e) ¿Cuáles son los más comunes?

14 Mira estas invitaciones y contesta a las preguntas.

ANDREA Y ANTONIO

Nos complace invitarles
a nuestro enlace que tendrá lugar
el 25 de julio.
La celebración religiosa será
a las 18:00 en la Iglesia
de San José y el convite se celebrará
en el Hotel Atlántico a las 20:00.
Se ruega confirmación.

Andrea: 777 999 666
Antonio: 886 644 888

MASCOTAPLUS

Estimado Sr. López:
Mascotaplus, empresa líder en el cuidado de animales, quiere invitarle a la celebración del 25 aniversario de la creación de nuestra empresa.
El evento tendrá lugar el día 15 de mayo a las 20 horas en el Hotel Central donde habrá una exhibición de animales.
A continuación, se servirá un cóctel para todos nuestros clientes.

(Obligatorio presentar invitación)

a) ¿Cuándo es la celebración?
b) ¿Quiénes son Andrea y Antonio?
c) ¿En qué lugar se celebra la misa?
d) ¿A qué hora?
e) ¿Dónde es el banquete?
f) ¿Qué quiere decir "se ruega confirmación?"

g) ¿A quién está dirigida la invitación?
h) ¿A qué se dedica la empresa *Mascotaplus*?
i) ¿Qué se celebra?
j) ¿En qué consiste la celebración?
k) ¿Qué significa "obligatorio presentar invitación"?

 ¡Te toca! Con tu compañero/a, prepara una invitación como las anteriores para asistir a alguna celebración. No olvides poner el motivo, el día, la hora, etc.

Los servicios de un hotel

Profesionales

15 Lee estos textos. Relaciónalos con los personajes de las fotos.

1 Coordino todas las celebraciones que tienen lugar en el hotel. Decido en qué salón tienen que celebrarse y controlo que todo esté preparado. Cuido mucho los detalles. El cliente siempre tiene que estar contento.

2 Mi trabajo es muy variado porque me encargo de las actividades en la piscina, en el gimnasio y en algunos eventos. Mis clientes son gente muy variada, desde niños a ancianos. Es muy divertido ver cómo disfrutan.

3 Tenemos clientes que asisten a alguna de las celebraciones en el hotel y quieren ponerse guapos para la ocasión. Tenemos mucha experiencia en hacer peinados y maquillajes de fiesta. También hacemos la manicura y la pedicura.

a. Animadora

b. Peluquera estilista

c. Responsable de eventos

16 ¿En qué consiste el trabajo de estos personajes? Relaciona las imágenes con los trabajos y escribe un pequeño texto como el del ejercicio anterior.

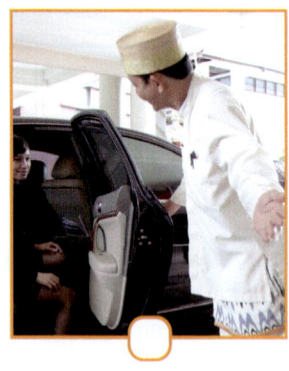

a. Dependienta
b. Telefonista
c. Botones

17 Habla con tu compañero/a.

a) Cuando estás en un hotel, ¿qué servicios sueles utilizar?
b) ¿Crees que todos los hoteles tienen los mismos servicios?
c) ¿Qué ventajas e inconvenientes tiene que un hotel tenga estos servicios?
d) ¿Cuál de ellos te parece más interesante? ¿Por qué?
e) ¿Qué otras funciones tienen las personas anteriores? Haz una lista.

Comunicación

Describir un trabajo

- Trabajo como recepcionista.
- Mi trabajo consiste en organizar congresos.
- Me encargo de hacer pedidos en el hotel.
- Mi labor es atender al cliente.

18 Escucha el siguiente audio donde Martín Suñer habla con un cliente del evento que está organizando en el hotel donde trabaja y contesta a las preguntas.

Pista 36

a) ¿De qué evento hablan los personajes?
b) ¿Cuántas mesas hay en el salón?
c) ¿Cuántas personas están sentadas en cada mesa?
d) ¿Cómo son las mesas?
e) Las mesas va a estar decoradas con...
f) ¿Va a haber música en el evento?
g) ¿A qué hora acaba la celebración?
h) ¿Está el cliente contento con el servicio programado?

Atención al cliente

19 Los señores González contratan los servicios de un hotel para celebrar sus bodas de plata. Esto es lo que quieren:

El cliente siempre tiene la razón

Sin embargo, cuando llegan al lugar, esto es lo que encuentran:

Continúa el diálogo en el que los clientes se quejan por la organización.

Sr. González: Buenos días, ¿es usted el encargado?
Encargado: Sí, soy yo. Dígame, ¿está todo bien?
Sr. González: No, estamos muy enfadados. Las cosas no están como queremos.
Encargado: No puede ser, hemos preparado todo con mucho detalle.
Sr. González: Sí, está precioso. Pero no es lo acordado. Nosotros queremos mesas redondas, son más cómodas, y ustedes tienen mesas cuadradas.
Encargado: A ver, voy a comprobar su reserva. Sí, es cierto. Aquí dice mesas redondas. Lo siento mucho...
Sr. González: Y además...

LA TAREA

¡Nos vamos de celebración! Celebramos un evento en el hotel.

1 Decidid qué tipo de evento vais a celebrar: aniversario, cumpleaños, conferencia, boda, etc.

2 Pensad cómo va a ser el hotel donde tendrá lugar. También el tipo de sala, decoración, mesas, etc.

3 ¿Cuántos invitados tenéis? ¿Cómo van a ser las mesas? ¿Cómo las vais a colocar?

4 Decidid en qué va a consistir la celebración, el menú, si habrá música, si habrá alguna sorpresa, el horario. También si habrá otras ventajas para los asistentes.

5 Presentad vuestra celebración a vuestros compañeros y justificad vuestra elección.

6 En esta unidad vas a aprender a:

- Tomar un pedido.
- Clasificar los restaurantes por especialidades.
- Describir un plato, sus ingredientes y la forma de cocinarlo.
- Conocer la gastronomía española.
- Conocer los cargos y las funciones de diferentes empleados.

¿Quiénes son?
¿Dónde están?
¿Qué hacen?

1 Escucha el diálogo.

Pista 37

Antonio Sánchez: Hola, buenas noches. Tenemos una mesa reservada.
Anfitrión: Buenas noches. ¿A nombre de quién, por favor?
Antonio: De Antonio Sánchez.
Anfitrión: Sí, aquí está, para cuatro personas a las diez. ¿Me acompañan, por favor? Aquí es, junto a la ventana.
Camarera: ¿Desean los señores tomar alguna bebida mientras eligen el menú?
Antonio: Sí, gracias. Yo tomaré una cerveza.
Pedro: Yo también.
Sara: Yo prefiero un refresco. Tomaré una coca-cola con poco hielo.
María: Yo otra.
Camarera: Aquí tienen la carta, por si quieren ir mirándola. Enseguida les traigo las bebidas. Fuera de la carta, hoy tenemos lubina al horno y ternera estofada con setas y verduras. Y para empezar, tenemos un jamón ibérico de Jabugo extraordinario.
Antonio: Tráiganos un poco de jamón de aperitivo. María, ¿tú qué vas a tomar?
María: Bueno, pues yo tomaré sopa de puerros de primero y de segundo solomillo con setas.
Pedro: Yo quiero gazpacho y, de segundo, besugo al horno.
Sara: Yo tomaré croquetas con verduras de primero y salmonetes de segundo.
Antonio: Pues yo voy a tomar arroz con bogavante y cordero asado con pisto.
Camarera: Bien señores. Me permito recomendarles nuestro vino de la casa que es un Rioja, reserva del 2004.
Antonio: De acuerdo, tomaremos el vino de la casa. ¿Nos puede traer también agua mineral con gas?

2 Elige la respuesta correcta.

a) ¿Qué va a tomar María de primero?
☐ Sopa.
☐ Ensalada.
☐ Crema.

b) ¿Quiénes van a tomar pescado?
☐ Pedro.
☐ María.
☐ Antonio.

c) ¿Qué vino van a tomar?
☐ Rioja.
☐ Ribera del Duero.
☐ Rueda.

¡Te toca! Lee el diálogo con tus compañeros/as. Después, representad una situación parecida.

En el restaurante

BLOQUE II
unidad 6

3 Relaciona las palabras de las dos columnas. Después, busca la imagen correspondiente.

a. Plato — con gas
b. Cucharilla — plato
c. Segundo — hondo
d. Plato — cortado
e. Vino — del día
f. Copa — de cristal
g. Menú — tinto
h. Postre — de café
i. Agua — de la casa
j. Café — llano

 1. b.
 2.
 3.
 4.
 5.
 6.
 7.
 8.
 9.
 10.

4 ¿Quién dice las siguientes frases, el camarero o el cliente?

a. Pueden sentarse en aquella mesa junto a la ventana. → *El camarero*
b. ¿Tienen alguna mesa libre para esta noche? →
c. Por favor, otra botella de vino. →
d. ¿Qué lleva este plato como guarnición? →
e. Un momento, ahora mismo les tomo nota. →
f. Les recomiendo el menú del día. →
g. Claro, enseguida le traigo otro cuchillo. →
h. Sí, una tarta de manzana para mí y helado para mi esposa. →
i. Les traigo el aceite y el vinagre para la ensalada. →
j. Lleva pollo, queso, huevo, aceite y un poquito de vinagre. →
k. Por favor, ¿nos trae la cuenta? →

Expresiones clave

- Reservar una mesa
- Tomar nota
- Pedir un primer plato
- Beber el vino de la casa
- Tomar postre y café
- Sugerir la especialidad
- Elegir la guarnición
- Servir una mesa
- Pedir la cuenta
- Dejar propina

5 Describe estas dos mesas. Y tú, ¿qué pones en tu mesa?

Sesenta y nueve • 69

En el restaurante

La vida misma

6 Observa estas fotos. ¿A qué tipo de restaurante pertenecen? ¿Qué tipo de comida se sirve? Las palabras del recuadro pueden ayudarte.

1.

2.

3.

4.

5.

6.

vegetariano
indio
romántico
chino
tradicional
para llevar
moderno
barato
mejicano
popular
italiano
de diseño
familiar

7 Habla con tu compañero/a.

a) ¿Conoces más tipos de restaurantes?
b) ¿Qué restaurante de los anteriores prefieres? ¿Por qué?
c) ¿Conoces algún plato típico de cada tipo de cocina? ¿Lo has probado?
d) ¿Qué valoras a la hora de elegir un restaurante?
e) ¿Qué tipos de restaurantes hay en tu ciudad? ¿Cuál es el más popular?
f) ¿Qué platos son típicos en ellos?
g) ¿Cómo son los restaurantes en España? ¿Y en Sudamérica?

Léxico

- Menú
- Aperitivo
- Entrante
- Primer plato
- Segundo plato
- Postre
- Café / infusión
- Pan
- Vino / agua

8 Busca en el diccionario el nombre de estos alimentos y después clasifícalos.

FRUTAS Y VERDURAS	CARNE	PESCADO

 ¡Te toca! Con tu compañero/a, elige uno de los restaurantes anteriores y piensa en algún plato típico. ¿Qué ingredientes tiene?

La vida misma

BLOQUE II — unidad **6**

9 ¿Cómo te gusta cocinar los alimentos? Relaciona las formas de cocinar con las imágenes.

a. Rebozado   b. Cocido   c. Frito   d. Empanado   e. En salsa   f. Al horno   g. A la plancha

1. f.

2.

3.

4.

5.

6.

7.

10 ¿Conoces estos platos? Relaciónalos con el grupo de alimentos al que pertenece.

Lomo a la plancha — Carnes
Manzana al horno
Alitas de pollo fritas
Merluza en salsa verde
Lentejas con chorizo
Filete empanado
Berenjena rebozada

Pescados
Carnes
Legumbres
Frutas
Verduras

Así se dice

Teléfonos
- Empiezan por el prefijo de la ciudad y generalmente se leen agrupando los números.
  91-456-87-94

Direcciones
- Primero se dice la calle, seguida del número y piso. Después, el código postal y la ciudad.
  C/Alamillo, 54. 2º dcha.
  45450 Toledo

11 Mira las informaciones y contesta a las preguntas.

LA LANGOSTA ROJA
RESTAURANTE GALLEGO
C/Pez, 27 - 15001 La Coruña
ESPECIALIDAD EN MARISCOS Y PESCADOS FRESCOS
PRUEBA NUESTRAS PARRILLADAS Y VINOS GALLEGOS
Precio aprox/persona: 40 euros

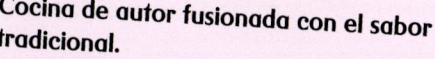
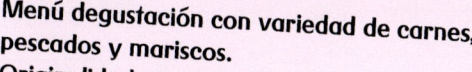

RESTAURANTE FuSiOnA
Cocina de autor fusionada con el sabor tradicional.
Menú degustación con variedad de carnes, pescados y mariscos.
Originalidad en nuestros platos.
Reserva previa obligatoria: 91 567 89 00
Recomendado por la Guía Michelin

ASADOR CASTILLA
Carnes a la brasa al estilo tradicional
Especialidad en cordero y chorizo asado
Tintos de la tierra

Menú del día: 25 euros
C/ Gonzolia, 55 - Valladolid
Sin reserva previa

a) ¿Cuál crees que es el restaurante más caro? ¿Y el más barato?
b) ¿Cuál eliges si quieres tomar carne? ¿Y pescado?
c) Si buscas un restaurante moderno eliges…
d) ¿Qué significan los tres tenedores del restaurante FUSIONA?
e) ¿Es necesario reservar en estos restaurantes?
f) ¿A cuál de estos restaurantes prefieres ir?

En el restaurante — En contexto

12 Ésta es la carta del Restaurante Carpes. Mira qué platos hay y responde a las preguntas.

a) ¿Hay menú del día?
b) ¿Qué primer plato es más pesado?
c) ¿Cuál de los segundos prefieres?
d) Elige un segundo plato ligero.
e) ¿Qué segundos llevan salsas?
f) ¿Dónde podrías colocar los siguientes platos?
  - Ternera en salsa de zanahoria
  - Sopa de cebolla
  - Calamares a la plancha
  - Pollo al limón
  - Sorbete de naranja
  - Pastel de pescado
  - Gazpacho
  - Macarrones a la carbonara

Primer plato
Surtido de ibéricos
Sopa de ajo
Chorizo a la sidra
Ensalada mediterránea
Morcilla de Burgos
Lentejas a la riojana
Verduras a la plancha
Pimientos rellenos
Arroz negro

Segundo plato

Carnes
Entrecot de ternera
Chuletón de Buey
Chuletillas de cordero con patatas
Solomillo al foie
Pollo con verduritas de la huerta
Cordero lechal asado

Pescados
Lenguado al horno con setas
Trucha a la navarra
Merluza en salsa con almejas
Salmón tres salsas
Bacalao con cebolla
Atún con tomate

Postres
Macedonia de frutas
Helado
Delicias de chocolate
Tarta de fresa
Flan casero

Vinos
Blancos: Rueda, Barbadillo, Ribeiro
Tintos: Rioja, Tierra de Castilla
Rosados: Navarra, Penedés

---

13 Escucha la siguiente conversación en un restaurante y completa las frases. (Pista 38)

Cliente: ¿Qué es el pollo a la asturiana?
Camarero: Es un pollo con una salsa de sidra y cebollas.
Cliente: ¿Qué tiene la ensalada de la casa?
Camarero: Tiene lechuga, tomate, cebolla, huevo y atún.
Cliente: ¿_____ alioli?
Camarero: Son patatas cocidas y peladas en salsa de aceite y ajo.
Cliente: ¿Qué es la paella valenciana?
Camarero: Es _____.
Cliente: Y la lubina a la sal, ¿es carne o pescado? ¿Cómo está cocinada?
Camarero: _____.
Cliente: ¿En qué consiste esta guarnición para la carne?
Camarero: Pues es verdura: _____.
Cliente: ¿El pescado está rebozado o a la plancha? Estoy a dieta.
Camarero: No se preocupe, _____.
Cliente: ¿El cocido es un primer plato o un segundo plato?
Camarero: Es _____. Es una sopa, garbanzos, verdura y carne.

Comunicación

Preguntar por los platos y sus ingredientes
- ¿Qué es...?
- ¿Qué lleva...?
- ¿Qué tiene...?
- ¿Es carne o pescado?
- ¿Es un primer o segundo plato?
- ¿Cómo está cocinado?
- ¿Cómo está preparado?
- ¿Puedo cambiar la guarnición?
- ¿Se toma frío o caliente?

---

14 ¿Qué llevan los siguientes platos? Habla sobre ellos con tu compañero/a.

1.

2.

3.

4.

En contexto

BLOQUE II — unidad 6

15 Intenta completar el diálogo. Después, escucha la conversación y comprueba tus respuestas.

Pista 39

Camarera: _____
Cliente: Teníamos una mesa reservada.
Camarera: _____
Cliente: Juan Antonio López.
Camarera: _____
Cliente: Gracias.
Camarera: _____
Cliente: Sí, ya hemos decidido. Las señoras van a tomar una ensalada de la casa y nosotros vamos a compartir el foie al oporto.
Camarera: _____
Cliente: De segundo, las señoras van a tomar lenguado: uno a la plancha y otro en salsa verde.
Camarera: _____
Cliente: Nosotros vamos a tomar carne. ¿Qué nos recomienda?
Camarera: _____
Cliente: Eso suena muy bien. Pues dos solomillos a la pimienta entonces.
Camarera: _____
Cliente: Como hoy es festivo, vamos a tomar una botella de vino. ¿Me trae la carta?

Comunicación

Hacer una recomendación
- Les sugiero un pescado.
- Les recomiendo el vino de la casa.
- ¿Por qué no prueban la tarta de manzana?

16 Escucha ahora a los clientes y marca la respuesta adecuada.

Pista 40

a) Los señores...
☐ tienen mucha hambre.
☐ no tienen hambre.
☐ no se dice nada de este tema.

b) El aperitivo consiste en...
☐ jamón ibérico.
☐ aceitunas.
☐ un poco de queso.

c) El camarero les ofrece probar...
☐ el menú del día.
☐ el menú degustación.
☐ la especialidad de la casa.

d) De primero la señora pide...
☐ un filete a la plancha.
☐ no toma primero.
☐ un arroz con verduras.

e) De segundo los señores toman...
☐ lo mismo.
☐ ella carne y él pescado.
☐ ella pescado y él carne.

f) Deciden beber...
☐ cerveza.
☐ vino.
☐ agua.

17 ¿Qué sabes de la gastronomía española? ¿Es muy diferente a la de tu país? Lee el texto y comenta con tu compañero/a.

Sol, siesta, toros, sangría… pero también gastronomía.

La gastronomía en España es una de las más valoradas en el mundo por su variedad y riqueza. Conocida como "cocina mediterránea", está basada en un alimento principal, el aceite de oliva, que da sabor y color a todos los platos.

Son muchas las recetas tradicionales características de España: paella, tortilla de patatas, croquetas, jamón, etc., son alimentos muy populares entre españoles y extranjeros. Sin embargo, la gastronomía va más allá y cada región tiene sus propios productos con los que elabora sus propios platos. Poco tienen que ver el gazpacho andaluz con el cocido madrileño o con la fabada asturiana.

Pero la gastronomía española no sería la misma sin los vinos que la acompañan. España es uno de los principales productores de toda Europa. Rioja, Ribera del Duero, Albariño, Penedés son solo algunas de las denominaciones de origen más importantes.

En el restaurante — Profesionales

18 Estos son algunos de los trabajadores del conocido restaurante del Hotel Real. Lee los textos y relaciona su cargo con sus funciones.

Ernesto Moreno trabaja en la cocina. Su trabajo no es tan creativo pero es muy importante para servir los platos a tiempo. Su mejor cualidad es la rapidez. El chef le ordena lo que debe hacer: preparar la carne y el pescado para que se cocinen, servir la guarnición, emplatar, decorar los postres, etc.

Pinche

María Blanco es una experta en enología. Recomienda a los clientes el vino adecuado para cada ocasión y cada comida. Por su parte los clientes le preguntan todas sus dudas sobre este tema. Ella ha seleccionado también los vinos de la carta del hotel, una de las mejores de la ciudad.

Sumiller

Roberto Gil es un hombre tranquilo y creativo, cualidades que son muy importantes en su trabajo. Se encarga de dirigir la cocina del hotel. Conoce muy bien los alimentos y sus sabores y los combina para crear nuevos platos. Decide también los platos que se incluyen en el menú.

Chef

Pista 41

19 Antonio Páez es el *maître* del Restaurante *Las Estaciones*. Escucha su experiencia y escribe algunas de las ventajas y desventajas de su profesión.

Ventajas	Desventajas

20 Lee el texto y responde a las siguientes preguntas.

Pedro es uno de los diez cocineros del Restaurante Magnolia de Caracas. También ha sido pinche de cocina en el restaurante *La Broche* de Madrid, uno de los más "chic" de la ciudad, y ha pasado por algunas de las cocinas más importantes de esta ciudad. Pedro ha tenido como maestras a su madre y a su abuela, de quienes ha aprendido mucho. La cocina tradicional siempre ha sido su especialidad, pero es necesario darle un toque personal y adaptarse a los tiempos modernos. Por eso, el próximo año va a combinar el trabajo con más estudios en la Escuela de Hostelería de Caracas. Su sueño es convertirse en un gran chef y, en el futuro, poder abrir su propio restaurante.

Lo que más le gusta es la repostería. Sus postres son conocidos en toda la ciudad porque intentan combinar los ingredientes "de toda la vida" con un aire moderno y una magnífica presentación.

Sus platos están llenos de color y son muy visuales. Su tarta de moras salvajes con crema de vainilla le proporcionó el primer premio del Certamen Nacional de Repostería del país.

a) ¿Cuál es la profesión de Pedro?
b) ¿Dónde trabaja actualmente?
c) ¿Cuál es su especialidad?
d) ¿Qué formación tiene?
e) ¿Cuál es su plato estrella?
f) ¿Qué quiere hacer en el futuro?

Atención al cliente BLOQUE II unidad 6

"El cliente siempre tiene la razón."

21 **Los Sres. Gutiérrez tienen un problema con su reserva. Lee el diálogo.**

Cliente: Buenas noches. Tenemos una mesa reservada.
Camarero: Sí, dígame. ¿A nombre de quién?
Cliente: A nombre del Ángel Gutiérrez.
Camarero: Un momento, Sr. Gutiérrez. A ver… Lo siento, no tenemos ninguna mesa a ese nombre.
Cliente: No puede ser. Mi mujer llamó ayer para hacer la reserva.
Camarero: ¿Para cuántas personas era?
Cliente: Para 4 personas.
Camarero: ¿Y a qué hora tenían la reserva?
Cliente: A las 9 y media.
Camarero: Lo siento, pero no hay nada a ese nombre.
Cliente: ¿Está seguro?
Camarero: Sí, y hoy el restaurante está completo. A esa hora y para cuatro personas tenemos una mesa reservada a nombre de Mercedes Cano, pero no de Ángel Gutiérrez.
Cliente: ¡Vaya! Mi mujer la ha reservado a su nombre. ¡Qué susto! Ya pensaba que nos íbamos sin cenar.
Camarero: No se preocupe, señor. Al final se ha solucionado. Disculpe las molestias.
Cliente: Sí, menos mal.
Camarero: Acompáñenme. Su mesa es aquella que está junto a la ventana.
Cliente: Claro, muchas gracias.
Camarero: Sí, es la mejor del restaurante.

¡Te toca! Con tu compañero/a, inventa una situación en el restaurante que provoque la discusión entre el camarero y el cliente: un pedido equivocado, un error en la cuenta, etc. Después, representadla al resto de la clase.

LA TAREA

¿Qué desean los señores? En grupos, vais a organizar vuestro propio restaurante y diseñar el menú.

1 Discute con tus compañeros/as qué tipo de restaurante vais a tener y el tipo de comida que vais a servir. Pensad en el público al que va dirigido.

2 ¿Cómo va a ser el lugar? ¿Qué ambiente queréis para vuestro restaurante? ¿Cómo estará decorado?

3 ¿Repartid las tareas. ¿Quién será el maître? ¿Quién el chef? ¿Y el pinche? ¿Quién aconsejará sobre los vinos?

4 Pensad en el menú y elaborad una carta con los platos y vinos que ofreceréis a los clientes.

5 Explicad a la clase cómo es vuestro negocio, qué ofrecéis, quiénes sois e invitadles a la inauguración.

Gramática

1 LOS NÚMEROS ORDINALES

1.º Primero	11.º Undécimo	21.º Vigésimo primero	70.º Septuagésimo
2.º Segundo	12.º Duodécimo	22.º Vigésimo segundo	71.º Septuagésimo primero
3.º Tercero	13.º Decimotercero	30.º Trigésimo	80.º Optogésimo
4.º Cuarto	14.º Decimocuarto	31.º Trigésimo primero	81.º Optogésimo primero
5.º Quinto	15.º Decimoquinto	40.º Cuadragésimo	90.º Nonagésimo
6.º Sexto	16.º Decimosexto	41.º Cuadragésimo primero	91.º Nonagésimo primero
7.º Séptimo	17.º Decimoséptimo	50.º Quincuagésimo	100.º Centésimo
8.º Octavo	18.º Decimoctavo	51.º Quincuagésimo primero	101.º Centésimo primero
9.º Noveno	19.º Decimonoveno	60.º Sexagésimo	1 000.º Milésimo
10.º Décimo	20.º Vigésimo	61.º Sexagésimo primero	1 000 000.º Millonésimo

Debes saber…

- Los números ordinales sirven para expresar el orden dentro de una serie.

- Los números ordinales se representan con el número y un círculo ("º") en la parte superior derecha si va en masculino y con una a ("ª") si es femenino.

    2.º piso   4.ª planta

- Concuerdan en género y número con el sustantivo al que acompañan y se usan casi siempre con el artículo determinado.

Singular	El +	número ordinal -o	+	sustantivo masculino singular
	La +	número ordinal -a	+	sustantivo femenino singular
Plural	Los +	número ordinal -os	+	sustantivo masculino plural
	Las +	número ordinal -as	+	sustantivo femenino plural

    La habitación está en el séptimo piso.
    Esta es la segunda vez que cojo un avión esta semana.

- La posición de los ordinales es normalmente delante del sustantivo pero pueden aparecer también detrás sin cambiar el significado de la oración. Es importante fijarse en los números primero y tercero, que cambian a primer y tercer cuando se colocan delante de un sustantivo.

    El punto segundo = el segundo punto.
    El punto tercero = el tercer punto.

- Cuando queda claro de qué estamos hablando, los ordinales pueden aparecer sin el sustantivo.

    El primer viaje a Colombia fue en 1991. El segundo en 2010.

BLOQUE 2

2   TÚ, USTED Y VOS

- Los pronombres personales de sujeto referidos a la segunda persona, *tú* y *vosotros*, se utilizan en contextos informales, mientras que *usted* y *ustedes*, se emplean en situaciones comunicativas más formales, tanto en España como en Hispanoamérica. Fuera de España, y en algunas regiones del sur y las islas Canarias, se usa mucho más el *usted*. Además, el uso de *vos* está generalizado en algunos países hispanoamericanos, como Argentina y Uruguay.

DEBES SABER...

- Las situaciones comunicativas donde estos pronombres aparecen más frecuentemente son los saludos y las presentaciones.

Saludos
- Situación formal: ¿Cómo est*á usted* señor Pérez?
- Situación informal: ¿Cómo est*ás (tú)* Pedro?

Presentaciones
- Situación formal: Mire, *le* presento a la **Sra.** González. Encantado/a. Mucho gusto.
- Situación informal: Mira, esta es María. ¡Hola! (¿Qué tal?)

- Los distintos tratamientos se reflejan también en los verbos. Aunque las formas verbales de los pronombres *usted / ustedes* coincidan con las de los pronombres de tercera persona *él / ella* y *ellos / ellas*, hemos de tener en cuenta que se refieren a la segunda persona.

Verbo	Tú	Usted	Vos
Ser	Eres	Es	Sos
Estar	Estás	Está	Estás
Llamarse	Te llamas	Se llama	Te llamás
Hablar	Hablas	Habla	Hablás
Comer	Comes	Come	Comés
Vivir	Vives	Vive	Vivís

3   VERBOS REFLEXIVOS

Pronombres reflexivos		Levantarse	Ducharse	Acostarse
(Yo)	Me	levanto	Me ducho	Me acuesto
(Tú)	Te	levantas	Te duchas	Te acuestas
(Él / Ella / Usted)	Se	levanta	Se ducha	Se acuesta
(Nosotros)	Nos	levantamos	Nos duchamos	Nos acostamos
(Vosotros)	Os	levantáis	Os ducháis	Os acostáis
(Ellos / Ellas / Ustedes)	Se	levantan	Se duchan	Se acuestan

Gramática

DEBES SABER...

- Existen ciertos verbos que se forman con los pronombres reflexivos. Estos indican que la persona que realiza la acción es la misma que recibe esa acción. Es decir, sujeto y complemento coinciden y se refieren a la misma persona.

    Yo me ducho todas las mañanas.

    Mi padre se afeita todas las mañanas.

- Este pronombre no es siempre reflexivo, puede ser recíproco, es decir, dos sujetos realizan la acción de forma recíproca, el uno al otro.

    Juan y María se conocieron y se enamoraron en Chile.

4 OTROS USOS DE *SE*

- A veces encontramos oraciones en las que el agente de la acción no está claramente indicado y se representa con el pronombre *se*. Son construcciones impersonales. Tienen la siguiente estructura:

    > SE + verbo en 3.ª persona

    Se sirve el desayuno de 7 a 10 de la mañana.

    Se sirven comidas y cenas en la habitación.

5 EL ADJETIVO CALIFICATIVO Y SU CONCORDANCIA

- Los adjetivos sirven para hablar de las cualidades del sustantivo al que acompañan y concuerdan en género y número con él.

Artículos	Sustantivo	Verbo	Adjetivo
El	trayecto	(es)	corto
La	camarera	(es)	simpática
Los	planos	(son)	informativos
Las	maletas	(son)	pequeñas

• EL GÉNERO

- El adjetivo masculino acaba en –o y el femenino singular se forma cambiando la –o por una –a.

    El museo pequeño   *La piscina pequeña*

- Si el masculino termina en –or o en vocal tónica + n, se añade una –a para formar el femenino.

    El camarero trabajador   *La camarera trabajadora*

- Sin embargo, hay algunos adjetivos que acaban en –e o en consonante que tienen una única forma para el masculino y el femenino. También hay adjetivos de nacionalidad que acaban en –a o en –i con una sola forma para los géneros.

El camarero eficiente	*El director joven*	*El señor belga*	*El viajero iraní*
La camarera eficiente	*La directora joven*	*La señora belga*	*La viajera iraní*

- **EL NÚMERO**

- Para indicar el plural se añade una –s si los adjetivos acaban en vocal y –es si acaban en consonante.

  Los servicios completos *Las maletas pequeñas* *Los clientes alemanes*

6 LAS CONSTRUCCIONES COMPARATIVAS

- Las construcciones comparativas establecen una relación de superioridad, inferioridad o igualdad entre dos o más elementos.

- **EL ADJETIVO COMPARATIVO**
- Los adjetivos en grado comparativo pueden ser regulares o irregulares en su construcción:

	Comparativos regulares	Comparativos irregulares
Superioridad	*Más* + adjetivo + *que* *Un coche es más caro que una bici.*	Bueno/a/os/as ⇨ **mejor, mejores + que** Grande/s ⇨ **mayor, mayores + que** *El tenis es mejor que el fútbol.* *El trayecto a Moscú es mayor que a Francia.*
Inferioridad	*Menos* + adjetivo + *que* *El tren es menos rápido que el avión.*	Malo/a/os/as ⇨ **peor, peores + que** Pequeño/a/os/as ⇨ **menor, menores + que** *Este hotel es peor que ese.* *Mi hermano es menor que yo.*
Igualdad	*Tan, no más* + adjetivo + *como* *La paella es tan sabrosa como el gazpacho.*	

Gramática

Debes saber...

- Los adjetivos, ya sean regulares o irregulares, concuerdan en género y número con el nombre con el que se compara, que se sitúa en primer lugar.

    Nuestro viaje es más divertido que el suyo.
    Los camareros de este restaurante son más simpáticos que los camareros del hotel.

EL ADVERBIO COMPARATIVO

- Las estructuras comparativas de adverbio funcionan de la misma manera que las de adjetivo ya que utilizan las mismas estructuras.

Superioridad	*Más + adverbio + que* *La piscina abre más tarde que el gimnasio.*
Inferioridad	*Menos + adverbio + que* *El bus va menos deprisa que el metro.*
Igualdad	*Tan + adverbio + como* *La cafetería cierra tan tarde como el restaurante.*

Debes saber...

- Al ser invariables en género y número, los adverbios no tienen que concordar con nada.

EL SUSTANTIVO COMPARATIVO

- Los sustantivos pueden ser también objeto central de las construcciones comparativas. Todos son regulares.

	Comparativos	
Superioridad	Verbo + *más* + sustantivo + que	*Nuria sabe más idiomas que Alejandro.*
Inferioridad	Verbo + *menos* + sustantivo + que	*Mi hermano tiene menos suerte que yo.*
Igualdad	Verbo + *tanto/a/os/as* + sustantivo + como	*Este ordenador tiene tanta memoria como el mío.*

Debes saber...

- En el caso de los sustantivos, solamente la palabra "tanto" concuerda en género y número con el sustantivo que aparece dentro de la comparación.

    Ningún hotel tiene tantas habitaciones ni tantos servicios como este hotel.

BLOQUE 2

- **EL VERBO**
- También los verbos pueden constituir estructuras comparativas.

	Comparativos regulares	Comparativos irregulares
Superioridad	Verbo + *más que* *El viaje a Argentina dura más que a Nueva York.*	Bien ⇨ *mejor que* *El viaje a Argentina fue mejor que el viaje a Nueva York.*
Inferioridad	Verbo + *menos que* *Este vino cuesta menos que el cava.*	Mal ⇨ *peor que* *Este vino sabe peor que este cava.*
Igualdad	Verbo + *tanto como* *La suite cuesta tanto como la habitación doble.*	....

DEBES SABER...

- En general, las estructuras comparativas pueden ir acompañadas de algún cuantificador como *un poco, bastante, mucho,* etc.… antes de *más y menos*.

    El tren es un poco más rápido que el coche.
    Viajar en avión tiene bastantes más ventajas que inconvenientes.

7 EL SUPERLATIVO

- El grado superlativo sirve para expresar una cualidad de algo o de alguien en su grado máximo.

    El tren es un medio de transporte rápido pero el avión es el medio de transporte más rápido que existe.

- El superlativo puede expresar superioridad o inferioridad. La estructura es la siguiente:

Superioridad el / la / los / las + más + adjetivo
  de + sustantivo ⇨ *Esta habitación es la más bonita de todas.*
  de + frase ⇨ *Este viaje es el más bonito que he hecho.*

Inferioridad el / la / los / las + menos + adjetivo
  de + sustantivo ⇨ *Ese avión es el menos cómodo de Iberia.*
  que + frase ⇨ *El hotel Sol es el menos cómodo que he visitado.*

DEBES SABER...

- El superlativo también se puede formar añadiendo el sufijo *–ísimo/a/os/as* al adjetivo. En este caso, el adjetivo concuerda en género y número con el nombre al que acompaña.

    Carlos es altísimo.   *María es guapísima.*

- Otra posibilidad es añadir delante del adjetivo el adverbio *muy*, que es invariable y mantiene la misma forma para el masculino y el femenino, el singular y el plural.

    Carlos es muy alto.   *María es muy guapa.*

- Existen también algunos superlativos que tienen una forma irregular.

    antiguo ⇨ *antiquísimo*   **pobre** ⇨ *paupérrimo*   **nuevo** ⇨ *novísimo / nuevísimo*

Gramática

8 · LAS PERÍFRASIS DE GERUNDIO

- Además de las perífrasis con infinitivo, también pueden construirse con verbos en gerundio. La más utilizada es ESTAR + GERUNDIO.

Estructura	Para expresar	Ejemplos
Estar + gerundio	Acción en desarrollo que se realiza en el momento en que se habla.	*Ahora mismo estoy mirando el folleto de la agencia para planear mi viaje.*
	Acción en desarrollo que se realiza en el momento cercano al presente.	*Estos días estoy visitando los monumentos más importantes de la ciudad.*

Debes saber…

- Para formar el gerundio debemos tomar la raíz del verbo y añadir la terminación *–ANDO*, para los verbos de la primera conjugación (-AR) y *–IENDO*, para los verbos de la segunda y tercera (-ER, -IR).

  Pagar ⇨ pagando   **Beber ⇨ bebiendo**   **Vivir ⇨ viviendo**

- Hay también gerundios irregulares. Estos son algunos:

Decir ⇨ diciendo	Pedir ⇨ pidiendo	Preferir ⇨ prefiriendo	Repetir ⇨ repitiendo
Servir ⇨ sirviendo	Vestir ⇨ vistiendo	Dormir ⇨ durmiendo	Traer ⇨ trayendo
Oír ⇨ oyendo	Ir ⇨ yendo	Creer ⇨ creyendo	Leer ⇨ leyendo

9 · LOS VERBOS SER Y ESTAR

- Los verbos *ser y estar* son en ocasiones difíciles de diferenciar en su uso. Aunque al utilizarlos presentan muchas excepciones, podemos señalar algunas características básicas.

SER	ESTAR
El verbo **ser** se usa:	El verbo **estar** se usa:
1) Para presentarnos: *Hola, soy Ana.*	1) Para localizar: *El aeropuerto está en el centro de la ciudad.*
2) Para hablar sobre la nacionalidad o el origen: (ser + **nacionalidad**; ser + **de ciudad / país**) *¿De dónde eres? Soy española.* *Soy de Santander.*	2) Para hablar de cambios de estado, incluye cambios de salud o anímicos: *Normalmente soy una persona feliz, pero hoy estoy triste.*
3) Para hablar de la profesión: *Soy profesora de español.*	3) Para hablar de situaciones transitorias, condiciones temporales o variables: *Carlos ahora mismo está de viaje.*
4) Para describir objetos, es decir, hablar de su color o del material del que están hechos: *La chaqueta es negra.* *El pantalón es de algodón.*	4) Para decir de la fecha: *Hoy estamos a martes, 13 de enero.*
5) Para describir a una persona físicamente y hablar de su carácter: *Iván es un chico muy guapo e inteligente.*	
6) Para hablar de posesión: *Ese coche es de Carmen.*	
7) Para decir la fecha: *Hoy es martes 13 de enero.*	

BLOQUE 2

10 USOS DEL PRESENTE DE INDICATIVO

- Usamos el presente de indicativo para referirnos a un momento presente que coincide con el momento en que estamos hablando. Estos son otros usos que debemos tener en cuenta.

PRESENTE CON VALOR DE PASADO

- Sirve para hablar de tiempos pasados, nombres o hechos históricos. Suele ir acompañado de marcadores temporales: **fechas, hace + periodo de tiempo largo,** etc.

Colón descubre América en 1492.

PRESENTE CON VALOR DE PRESENTE

- Sirve para referirse a verdades universales.

La Tierra es redonda.

- Se utiliza para pedir cosas, dar órdenes e instrucciones. Suele utilizarse con construcciones como **poder + infinitivo** o el verbo **importar + infinitivo**.

¿Puedo entrar en la clase? ¿Te importa cerrar la ventana?

- Podemos hablar de costumbres y de la frecuencia con la que hacemos algo utilizando algún marcador temporal.

| Siempre | Cada día / mes / año | A menudo Normalmente Con frecuencia | Cada dos / tres… días / meses | Alguna vez De vez en cuando | Casi nunca Apenas | Nunca Jamás |

PRESENTE CON VALOR DE FUTURO

- Se emplea para hablar de un futuro próximo para acercarlo al presente.

Mañana reservo el billete de avión.

- Futuro inmediato, con la perífrasis *ir a + infinitivo*.

La próxima semana voy a ir a comprar las entradas.

- Cuando el presente toma valor de futuro suele ir acompañado de marcadores temporales de futuro como **mañana, la semana que viene, la próxima semana,** etc.

11 LAS ORACIONES EXCLAMATIVAS

- La exclamación se marca en español por los signos de exclamación "¡ !" al principio y al final de la frase y por la entonación (ascendente y descendente).

¡Qué ↑maravilla↓!

Gramática

- Las exclamaciones sirven para valorar positiva o negativamente algo o a alguien, expresar sorpresa, admiración, desagrado o contrariedad… Podemos dividirlas en tres grupos:

Función	Estructura	Ejemplo
Exclamar sobre la forma de ser de algo	¡**Qué** + adjetivo + (verbo) + (sujeto gramatical)!	¡*Qué* bonitas son estas flores!
Exclamar sobre el modo de hacer algo	¡**Qué** + adverbio + (verbo) + (sujeto gramatical)! ¡**Como** + verbo) + (sujeto gramatical)!	¡*Qué* bien atiende esta recepcionista a los clientes! ¡*Cómo* vives!
Exclamar sobre la cantidad de algo	¡**Cuánto/a/os/as** + sustantivo + (verbo) + (sujeto gramatical)! ¡**Qué** + sustantivo + (verbo)! ¡**Cómo** + verbo!	¡*Cuánto* dinero tienes! ¡*Qué* calor! o ¡*Qué* calor hace! ¡*Cómo* estudia!

12 EL PRETÉRITO PERFECTO

- El pretérito perfecto de indicativo se forma con el verbo haber conjugado en presente de indicativo y el participio pasado del verbo.

Yo	he		cenado
Tú	has		
Él / Ella / Usted	ha	+	bebido
Nosotros / Nosotras	hemos		
Vosotros / Vosotras	habéis		dormido
Ellos / Ellas / Ustedes	han		

Debes saber…

- El pretérito perfecto se forma añadiendo a la raíz del verbo la terminación *–ADO* (verbos acabados en –AR) o *–IDO* (verbos en –ER y en –IR).

　　　　reservar ⇨ *reservado*　　　　*comer* ⇨ *comido*　　　　*salir* ⇨ *salido*

- La forma del participio también puede ser irregular.

　　ver ⇨ *visto*　　　**hacer** ⇨ *hecho*　　　**decir** ⇨ *dicho*　　　**volver** ⇨ *vuelto*

　　escribir ⇨ *escrito*　　**romper** ⇨ *roto*　　**poner** ⇨ *puesto*　　**abrir** ⇨ *abierto*

- El pretérito perfecto se utiliza para hablar de un pasado cercano que sucede en un periodo de tiempo aún abierto en el presente. Se usa con marcadores temporales de presente para acercarlo al momento en el que se habla como **hoy, esta mañana / tarde / semana, hace un rato, hace cinco minutos,** etc.

　　　　Esta mañana he tomado un café.　　　　*Hoy he ido de excursión.*

- Se usa para preguntar e informar sobre experiencias personales. Puede aparecer con marcadores como **ya, todavía no, alguna vez, nunca, siempre.**

　　　　¿Has estado alguna vez en Australia?　　*Yo nunca he bebido alcohol.*

13 YA / YA NO / TODAVÍA / TODAVÍA NO / AÚN / AÚN NO

YA / YA NO

YA
Se utiliza para señalar algo previsto o anunciado antes de "ahora".

A: ¿Y la chaqueta?

B: *Ya* la ha comprado Víctor.

YA NO
Se utiliza para hablar de la **interrupción** de algo. No utilizamos el pretérito perfecto sino el presente.

Yo *ya no* juego al fútbol.

TODAVÍA / TODAVÍA NO

TODAVÍA NO
Se utiliza para señalar que **no** ha ocurrido algo previsto o anunciado.

A: Y la chaqueta, ¿ya la ha comprado Víctor?

B: No, *todavía no* la ha comprado.

TODAVÍA
Se utiliza para señalar que una situación anterior sigue **durando**. No utilizamos el pretérito perfecto.

A: ¿Dónde está María?

B: *Todavía* está hablando por teléfono.

AÚN / AÚN NO

AÚN
Este adverbio puede sustituir a *todavía no* ya que tienen el mismo significado.

A: Y la chaqueta, ¿ya la ha comprado Víctor?

B: No, *aún no* la ha comprado.

AÚN
También puede sustituir a *todavía*.

A: ¿Dónde está María?

B: *Aún* está hablando por teléfono.

14 UNIR FRASES: Y, O, PERO

- Utilizamos *y* para añadir un elemento o concepto a otro.

    El camarero y el cliente hablan en el restaurante.

    Los turistas vistan la ciudad y conocen la gastronomía.

- La *o* sirve para ofrecer una alternativa entre dos elementos.

    ¿Vas a tomar carne o pescado?

    Podemos bajar al spa o descansar en la habitación.

- *Pero* se emplea para limitar o contrastar con una idea expresada anteriormente.

    Dijo que no estaba en la ciudad pero vino a la fiesta.

    No le gusta la tarta de manzana pero ha probado un trozo.

15 EL ACENTO Y LA TILDE

- Las palabras se componen de sílabas. La sílaba es un conjunto de sonidos que se pronuncian en un solo golpe de voz. Las palabras pueden tener una, dos, tres o más sílabas.

plan-ta	*me-si-lla*	*res-tau-ran-te*	*té*
(dos sílabas)	(tres sílabas)	(cuatro sílabas)	(una sílaba o monosílaba)

- Todas las palabras tienen un acento, esto es, tienen una sílaba que se pronuncia con una mayor intensidad que las otras, la sílaba tónica. El resto de las sílabas son átonas. Según la posición de la sílaba tónica las palabras se clasifican de la siguiente manera:

Gramática

Palabras	Ejemplos
Agudas: el acento recae en la **última** sílaba de la palabra.	Re-*loj*, pa-*red*, ho-*tel*
Llanas: el acento recae en la **penúltima** sílaba de la palabra.	Re-lo-*je*-ro, ca-*mi*-sa
Esdrújulas: el acento recae en la **antepenúltima** sílaba de la palabra.	*Gé*-ne-ro, *ár*-bo-les

- En español, además del acento de intensidad, existe un acento gráfico, la tilde, que se representa con una rayita oblicua (´) sobre la vocal de la sílaba tónica. La presencia o ausencia de tilde puede ayudarnos mejor a identificar la sílaba tónica y a entonar con más facilidad.

- Existen unas reglas básicas para la colocación de la tilde.

Palabras	Ejemplos
Agudas: llevan la tilde las palabras que acaban en "**n**", "**s**" o en **vocal**.	Bal-*cón*, ca-*fé*, a-*vión*
Llanas: llevan la tilde las palabras que acaban en consonante distinta a "**n**", "**s**" o en **vocal**.	*Ár*-bol, *mó*-vil, *fá*-cil
Esdrújulas: Todas las palabras llevan tilde.	*Gé*-ne-ro, *pá*-ja-ro

Debes saber…

- Las palabras monosílabas no llevan por lo general tilde. Solo se utiliza en algunos casos cuando queremos diferenciar dos palabras que se escriben igual. Esta tilde se llama *diacrítica*.

Sé: **verbo saber**   *Té:* **bebida**   *Él:* **pronombre personal**
Se: **pronombre**   *Te:* **pronombre personal**   *El:* **artículo**

Tú: **pronombre personal**   *Sí:* **conjunción afirmativa**
Tu: **posesivo**   *Si:* **conjunción condicional**

16 TAMBIÉN / TAMPOCO / SÍ / NO

- Para expresar coincidencia o diferencia con respecto a las afirmaciones anteriores podemos utilizar las palabras **también, tampoco, sí** o **no**.

  -Yo desayuno en el bar todos los días.   -Yo no he contratado el servicio de desayuno.
  -Yo *también*.   -Yo *sí*. Me gustan mucho los bufés libres.

BLOQUE 2

- **También** y **tampoco** se emplean para expresar coincidencia. Si la frase anterior es afirmativa, utilizamos *también*. Si la oración anterior es negativa, expresamos la coincidencia con *tampoco*.

Oración afirmativa (+)	Oración negativa (-)
Trabajo en un hotel.	*Tú no vives en esta ciudad.*
Coincidencia (+)	**Coincidencia (-)**
Yo también. Soy recepcionista.	*Él tampoco. Vive cerca del mar.*

- **Sí** y **no** sirven para expresar la diferencia de opinión con respecto a una afirmación previa. Así funcionan.

Oración afirmativa (+)	Oración negativa (-)
Voy a pagar en efectivo.	*No tengo hambre.*
Oración negativa (-)	**Oración positiva (+)**
Nosotros no. Prefiero con tarjeta.	*Yo sí. Voy a cenar dos platos y postre.*

Debes saber...

- Con verbos como *gustar*, la estructura para expresar coincidencia o diferencia varía.

    Positivo

    -*A mí me gusta el chocolate.*
    -*A mí también, sobre todo el negro.*

    -*A nosotros nos gusta la playa.*
    -*A ellos no, prefieren la montaña.*

    Negativo

    -*A él no le gusta hacer turismo.*
    -*A ella tampoco. Prefiere descansar en vacaciones.*

    -*A ti no te gustan los animales.*
    -*A tu marido sí. Quiere comprar un perro.*

- Generalmente, cuando utilizamos estas palabras, no volvemos a repetir la oración anterior a la que nos referimos.

    -*En agosto voy a viajar a la playa.*
    -*Yo también. (voy a viajar a la playa).*

Repaso

1 Escucha las instrucciones del audio y traza el recorrido desde el punto del plano hasta el Museo de Arte Moderno.

Pista 42

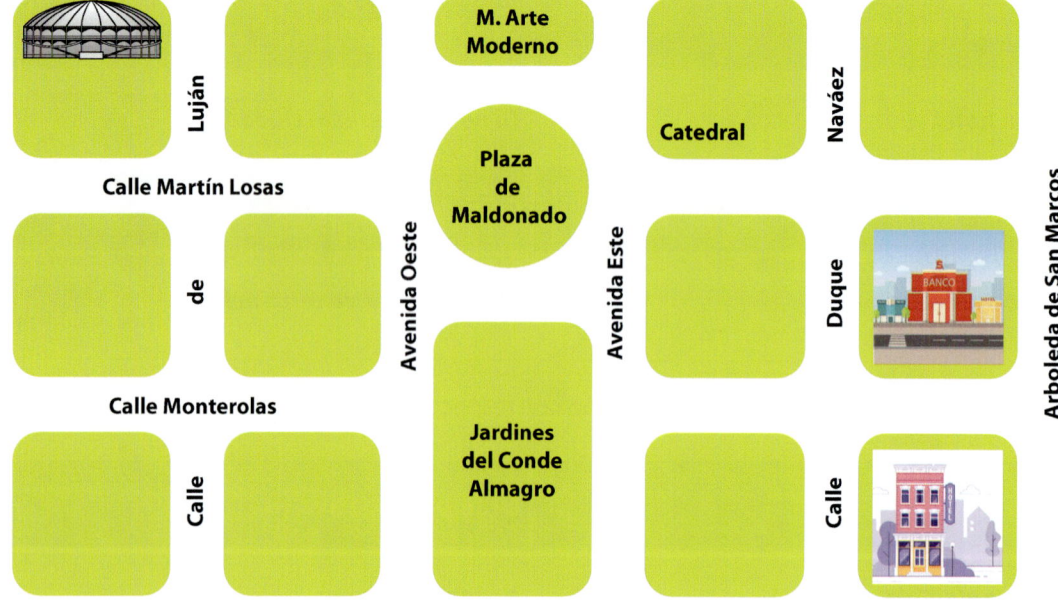

2 Completa con el verbo y pronombre adecuado para cada viñeta.

| bañarse | acostarse | peinarse | sentarse | levantarse | ducharse |

| Vosotros____ ____ a las 7 a.m. | Ellos_____ _____ en el sofá. | El perro____ _____ en el río. | Tú_____ _____ con un peine. | Sandra_____ _____ pronto. | Yo_____ todas las mañanas. |

3 Relaciona las preguntas con las respuestas.

1. ¿Es un viaje de negocios?
2. ¿Tenemos que pagar una fianza?
3. ¿Tiene alguna oferta para viajar por Europa?
4. ¿Podemos contratar un guía turístico?
5. ¿Qué destino prefieren? ¿Playa o montaña?
6. ¿El precio incluye los traslados al aeropuerto?
7. ¿Para qué fechas quieren hacer la reserva?
8. ¿El precio incluye el desayuno del hotel?
9. ¿Tienen billetes en clase preferente?

a. Claro. Allí mismo pueden contratarlo.
b. Sí, ahora mismo tenemos un paquete muy económico para viajar por Francia.
c. Sí, sí, y también la cena.
d. No, solo nos quedan en clase turista.
e. No. Viajo por placer.
f. No, lo siento, no están incluidos.
g. Para julio. La segunda quincena.
h. Sí, deben pagar 300 euros.
i. Pues queremos ir a la costa.

BLOQUE 2

4 Relaciona estos anuncios con la frase correspondiente y reescríbela utilizando "se".

- a. Servir el desayuno de 7 a 11.
- b. Hablar inglés.
- c. Dar clases de aerobic en el gimnasio.
- d. Deber dejar la habitación a las 12.
- e. Poder cenar en la habitación.
- f. Permitir mascotas.

1. a. 2. 3. 4. 5. 6.

Se sirve el desayuno de 7 a 11.

5 Observa las siguientes fotografías y construye frases comparativas según el ejemplo.

a   b   a   b   a   b

Iglesia grande / pequeña   Paisaje bonito / feo   Mujer joven / mayor
La iglesia a es más grande que la b.

a   b   a   b   a   b

Coche moderno / antiguo   Vaso vacío / lleno   Hotel nuevo / viejo

6 ¿Qué están haciendo? Escribe una frase para cada uno de los dibujos.

a   b   c   d   e

Está bañándose en la piscina del hotel. También está tomando un zumo.

Ochenta y nueve • 89

Repaso

7 Relaciona las siguientes instalaciones del hotel con su símbolo.

a. Piscina cubierta
b. Aparcamiento
c. Caja fuerte
d. Aire acondicionado
e. Acceso para discapacitados
f. Campo de golf
g. Bar
h. Restaurante
i. Centro de convenciones
j. Spa
k. Ascensor
l. Vistas panorámicas
m. Televisión
n. Zona forestal
ñ. Se permiten mascotas
o. Prohibido fumar
p. Masaje
q. Gimnasio

8 Lee las notas que los recepcionistas han dejado y transfórmalas en estilo directo.

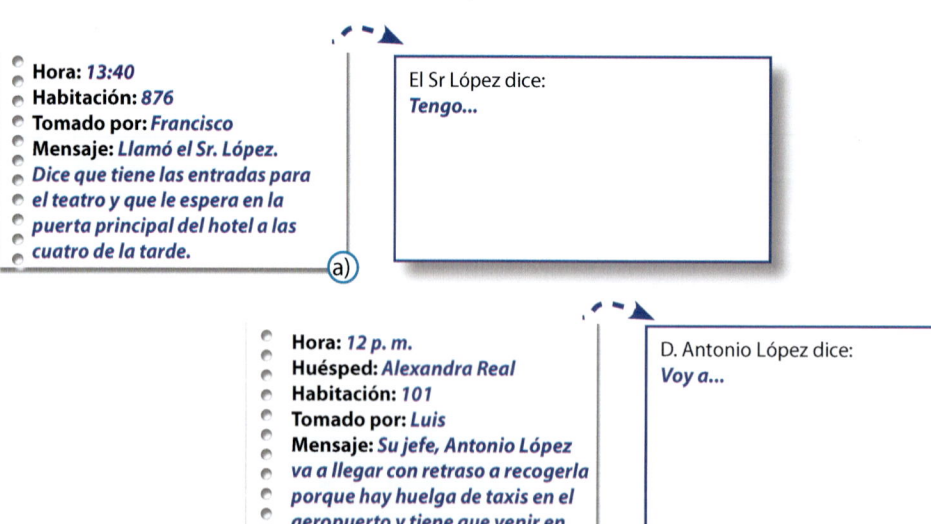

a)
Hora: 13:40
Habitación: 876
Tomado por: Francisco
Mensaje: Llamó el Sr. López. Dice que tiene las entradas para el teatro y que le espera en la puerta principal del hotel a las cuatro de la tarde.

El Sr López dice:
Tengo...

b)
Hora: 12 p. m.
Huésped: Alexandra Real
Habitación: 101
Tomado por: Luis
Mensaje: Su jefe, Antonio López va a llegar con retraso a recogerla porque hay huelga de taxis en el aeropuerto y tiene que venir en autobús.

D. Antonio López dice:
Voy a...

c)
Hora: 18:30
Habitación: 507
Huésped: Juan Ruiz
Tomado por: Marta
Mensaje: El Sr. Ruiz quiere cenar en su habitación. Pide un sándwich y un zumo para las 7.

D. Juan Ruiz dice:
Buenas tardes, quiero...

Bloque 2

9 Ahora escucha el audio y escribe el mensaje en la nota.

10 A partir de las notas del telefonista escribe los mensajes completos utilizando la estructura *sujeto + pregunta + si puede + infinitivo*.

ej.: Su madre pregunta si, por favor, puede llamar.

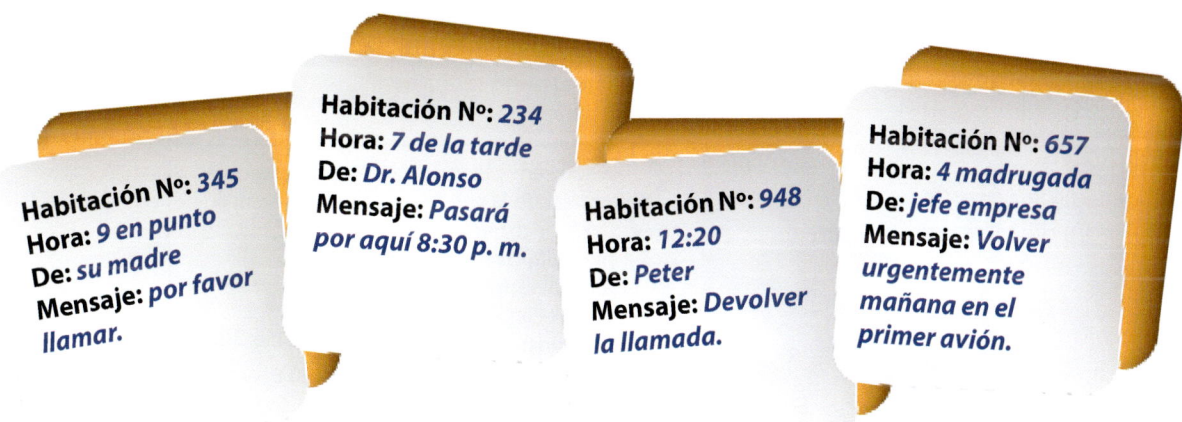

Habitación Nº: 345
Hora: 9 en punto
De: su madre
Mensaje: por favor llamar.

Habitación Nº: 234
Hora: 7 de la tarde
De: Dr. Alonso
Mensaje: Pasará por aquí 8:30 p. m.

Habitación Nº: 948
Hora: 12:20
De: Peter
Mensaje: Devolver la llamada.

Habitación Nº: 657
Hora: 4 madrugada
De: jefe empresa
Mensaje: Volver urgentemente mañana en el primer avión.

11 Observa el dibujo y completa las frases con *ser* o *estar*.

Carlos y María _____ novios. Hoy _____ su aniversario y lo están celebrando. _____ sábado y han salido a cenar a un restaurante. _____ muy contentos porque llevan cinco años juntos y pronto van a casarse en Toledo. María _____ de esa ciudad.
_____ en un restaurante muy elegante. _____ un poco caro pero la comida _____ muy selecta. Además, _____ en el centro de la ciudad y los camareros _____ muy profesionales. La especialidad de la casa _____ el pescado.

Noventa y uno • 91

Repaso

12 Mira estas frases y relaciónalas con los avisos.

a. Prohibido comer y beber
b. No tocar
c. Prohibido fumar
d. Prohibido pasar
e. No usar el móvil
f. Prohibido hacer fotos
g. No beber. Agua no potable

¿En qué lugares pueden aparecer estas prohibiciones?

13 Lee la información sobre estos tres hoteles y rellena los datos que faltan en el cuadro.

Hotel del Rocoso

Este hotel se encuentra en la zona más privilegiada de Granada, con impresionantes vistas a Sierra Nevada.

Con sus doscientas cincuenta habitaciones dobles y sus cinco magníficas suites, ofrece a los esquiadores el alojamiento más selecto de la zona.

El hotel tiene servicio de guardería, alquiler de esquíes, y zonas deportivas y de ocio, así como cuatro restaurantes con la mejor comida de la zona.

Reservas:
Tel. (+34) 983 8443234

Precios:
Temporada alta (24-12 / 25-03) 240 €
Temporada media (25-03 / 1-07) 120 €
Temporada baja (1-07 / 23-12) 70 €

Pensión América

Ambiente familiar. Céntrico. Habitaciones confortables, con o sin baño, para una, dos o tres personas. Se admiten animales domésticos. Ascensor. Desayuno opcional.

Precios: 12 € - 22 € según el tipo de habitación.

Precios especiales para estancias largas

Hostal Lula

Situado en pleno corazón de la ciudad, a cinco minutos a pie de la Giralda, es el alojamiento más práctico y económico para los turistas que visitan Sevilla.

El hostal tiene 25 habitaciones dobles con baño o ducha y 5 individuales. Tiene calefacción y televisión en todas las habitaciones.

Hay precios especiales para grupos y excursiones de fin de curso.

Precios:
Habitación doble: 30 €
Individual: 20 €

Establecimiento	Número de habitaciones	Tipo de habitaciones	Precios	Instalaciones
Hotel del Rocoso				
Hostal Lula				
Pensión América				

BLOQUE 2

14 Según el contexto de estas frases, imagina la exclamación correspondiente. Utiliza los adjetivos que tienes debajo.

(Caro) (Barato) (Moderno) (Lento) (Antiguo) (Feo)

a. Ves en un museo un cuadro horrible → ¡Qué feo!
b. Tienes que pagar 100 euros por el desayuno del hotel. ¡_____!
c. Alquilas un coche que tiene una velocidad máxima de 50 km por hora. ¡_____!
d. El precio por noche del hotel de lujo que quieres reservar es de 25 €. ¡_____!
e. En la habitación del hotel hay un armario del siglo XVIII. ¡_____!
f. En el cuarto de baño del hotel tienes spa, ducha con radio, secador y plancha para el pelo. ¡_____!

15 Estás viendo las noticias de televisión. Piensa en exclamaciones para cada noticia.

- A un señor le han tocado 600 millones de euros en la lotería.
  ¡Qué suerte!
  ¡Cuánto dinero!
- Este puente han fallecido 200 personas en accidentes de tráfico.
- Casi 60 turistas están heridos por una bomba terrorista en un hotel.
- Un hombre y una mujer de 90 años celebran su boda.
- El Ayuntamiento de Valencia invita a todos los estudiantes de español a comer paella para celebrar el día mundial del español.
- Mañana va a hacer 40 grados de máxima en Madrid. En el norte de España, solo 10 grados.

16 Marca los alimentos que encuentres en las fotos.

a. Arroz
b. Gambas
c. Calamares
d. Chuletas de cordero
e. Sandía
f. Aceitunas
g. Zanahorias
h. Manzanas
i. Plátanos
j. Pasta
k. Alitas de pollo
l. Lechuga
m. Cigalas
n. Dorada
ñ. Peras
o. Fresas
p. Limones
q. Espárragos
r. Almejas
s. Salchichas
t. Champiñones

PESCADOS Y MARISCOS

CARNES

FRUTAS Y VERDURAS

Repaso

17 **Completa las siguientes frases con el pretérito perfecto. Contesta libremente a las preguntas utilizando *ya* o *todavía no*.**

ej.: –¿Ha hecho ya la reserva de la habitación del hotel? (hacer, ella)
–Sí, ya la ha hecho / No, todavía no la ha hecho.

1) ¿_____ al spa del hotel esta mañana? (ir, vosotros)
_____
2) ¿_____ alguna vez esta región? (visitar, ellos)
_____
3) ¿_____ el pescado de este restaurante? (probar, tú)
_____
4) ¿_____ al servicio de habitaciones? (llamar, nosotros)
_____
5) ¿_____ la comida al camarero? (pedir, vosotros)
_____
6) ¿_____ de su viaje a Roma? (volver, los vecinos)
_____
7) ¿_____ en recepción que el aire acondicionado está roto? (decir, tú)
_____

18 **Inventa cinco preguntas para tu compañero/a utilizando el *pretérito perfecto*.**

–¿Has viajado alguna vez a París?
–No, todavía no. Seguramente voy a ir este verano.

19 **¿Dónde puedes oír estas frases? ¿En la agencia, en el restaurante o en el hotel?**

- ¿Quieren contratar alguna excursión?
- ¿Tienen servicio de lavandería?
- ¿Clase preferente?
- ¿Tienen menú del día?
- Por favor, ¿me trae la cuenta?
- ¿Tienen paquetes vacacionales?
- Queremos un salón para celebrar un evento.
- ¿El spa tiene un coste adicional?
- ¿Les tomo nota?
- Tiene que dejar un depósito del 50 por ciento del precio total.
- ¿Quiere probar el vino de la casa?
- ¿Pueden organizarme un itinerario por la zona?
- ¿Tomarán postre?
- ¿Qué lleva de guarnición?

AGENCIA
¿Quiere contratar alguna excursión?

RESTAURANTE

HOTEL

20 **¿Con qué frecuencia realizas estas actividades? Habla con tu compañero/a.**

- Viajar en temporada alta.
- Utilizar los servicios del hotel: gimnasio, spa…
- Reservar un viaje por internet.
- Contratar el desayuno de un hotel.
- Cenar en un restaurante.
- Reservar una mesa por teléfono.
- Beber vino en la comida.
- Viajar por trabajo.

Bloque 2

21 **¿Qué prefieres? Completa con las palabras y marca tu opción preferida. Después, coméntalo con tu compañero/a.**

1. –A mí me gusta el agua.
   –A mí también me gusta, pero prefiero el vino para las comidas.
   –A mí no. Siempre tomo agua y alguna vez un refresco.

1. agua / vino   2. _____ / _____   3. _____ / _____

4. _____ / _____   5. _____ / _____   6. _____ / _____

22 **Señala con una cruz la palabra que no se corresponde con las demás y explica por qué.**

1	Pollo x	Zanahoria	Pimiento	Guisante	"Pollo" no es un vegetal.
2	Cerveza	Vino	Refresco	Queso	
3	Cocido	Frito	Dulce	En salsa	
4	Cuchillo	Vaso	Tenedor	Cuchara	
5	Merluza	Lenguado	Atún	Ternera	
6	Blanco	Tinto	Amarillo	Rosado	
7	Café	Agua	Té	Aperitivo	
8	Plato	Vaso	Filete	Cubiertos	

Pista 44

23 **Escucha las siguientes palabras y escríbelas. No olvides poner las tildes cuando sea necesario.**

1.	6.	11.
2.	7.	12.
3.	8.	13.
4.	9.	14.
5.	10.	15.

Noventa y cinco • **95**

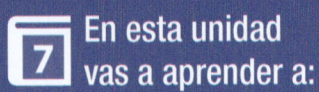

7 En esta unidad vas a aprender a:

- Saludar y despedirte informalmente.
- Hablar sobre los medios de transporte.
- Hablar sobre las distintas formas de pago.
- Organizar un viaje corto.
- Hacer comparaciones.

¿Conoces estos lugares?
¿Dónde están?
¿Cuál de ellos te apetece visitar?

1 Escucha el diálogo.

Pista 45

Agente: Buenas tardes. ¿Qué tal, Herien? ¿Te gustó el viaje a Canarias?
Herien: Hola. Sí, fue fantástico. Ahora tengo que ir a Barcelona a un congreso y me gustaría visitar la región. ¿Tenéis algún tour a buen precio?
A: Ahora no tengo ningún paquete, pero te puedo organizar algunas excursiones. En Cataluña hay lugares muy bonitos, tanto en la costa como en el interior, pero creo que debes conocer Gerona y Figueras, y visitar playas de la Costa Brava.
H: ¿Están muy lejos de Barcelona?
A: No, puedes ir en tren o en autobús, o también puedes participar en nuestras excursiones organizadas. Luego te preparo una ruta para que puedas aprovechar al máximo tu tiempo.
H: Bueno, pues dame presupuesto. Ya tengo el hotel y el vuelo.
A: Bien, entonces te busco varias excursiones para visitar la zona. Un día en Gerona, que tiene mucho encanto; otro día en Figueras, para ver el museo Dalí; y otro día excursión de relax a la playa. Las costas de Cataluña son muy diferentes a las que viste en Canarias.
H: No olvides que también quiero conocer Barcelona.
A: Sí, Sí. Para la visita a Barcelona te irá a buscar un guía turístico.
H: ¿Y cuál será el itinerario?
A: Pues te llevará a ver la Sagrada Familia, el Parque Güell, el barrio judío, las Ramblas, etc. Todos los lugares de interés de la ciudad.

Comunicación

Saludos y despedidas informales
- Hola
- ¿Qué tal?
- ¿Qué tal estás?
- ¿Cómo estás?
- ¿Cómo te va?
- Hasta pronto
- Hasta mañana
- Hasta luego
- Nos vemos

2 Elige la respuesta correcta.

a) ¿A dónde ha ido de viaje Herien?
☐ A Ibiza.
☐ A Mahón.
☐ A Canarias.

b) El motivo de su viaje a Barcelona es...
☐ Turismo.
☐ Visita a familiares.
☐ Asistencia a un congreso.

c) ¿Cómo va a ir a Barcelona?
☐ En avión.
☐ En barco.
☐ En tren.

 ¡Te toca! Lee el diálogo con tu compañero/a. Después, representad una situación parecida.

BLOQUE III

unidad 7

De excursión

3 Relaciona los dibujos con las palabras.

 1. h.
 2.
 3.
 4.
 5.
6.
7.
 8.
9.
 10.
 11.
 12.

a. Tren
b. Tranvía
c. Autobús
d. Coche
e. Taxi
f. Moto
g. Helicóptero
h. Barco
i. Barca
j. Avión
k. Metro
l. Bicicleta

4 Relaciona las siguientes palabras con los medios de transporte de la derecha.

aterrizar   revisor   conducir   despegar
crucero   azafata   navegar   piloto
aeropuerto   estación   aparcar   puerto
andén   volar   carretera

Expresiones clave
- Coger un taxi
- Viajar en avión / tren / metro
- Ir de excursión
- Hacer planes
- Hacer un itinerario
- Coger el metro
- Hacer un crucero
- Contratar una excursión organizada
- Añadir un extra
- Pagar un plus
- Dejar propina
- Pagar con tarjeta / en efectivo
- Cambiar de moneda
- Pedir una factura

5 ¿Dónde podemos decir las siguientes frases? ¿En el aeropuerto, en la estación o en el puerto?

a. Debe comprar su billete de tren en las taquillas. → *en la estación*
b. El ferry para Mallorca sale a las 8 de la mañana. →
c. Disculpe, ¿dónde está la aduana? →
d. Este crucero sale de Mallorca hacia las Islas Griegas. →
e. ¿Cuál es el andén donde para el tren con destino a Toledo? →
f. En estas tiendas puedes comprar cosas libres de impuestos. →
g. ¡Vaya! ¡Ya ha aterrizado! ¿No ves el avión en la pista? →
h. Allí están los barcos pesqueros. ¡Qué grandes son! →
i. Los pasajeros deben recoger su equipaje en la cinta número 6. →
j. El revisor dice que tenemos que subir ya a los vagones. →

¡Te toca! Haz una lista de cosas que podemos hacer en una estación, en un aeropuerto y en un puerto. ¿Hay cosas comunes?

De excursión

La vida misma

6 Empareja estas palabras con la imagen correspondiente. Después, completa las frases con las palabras.

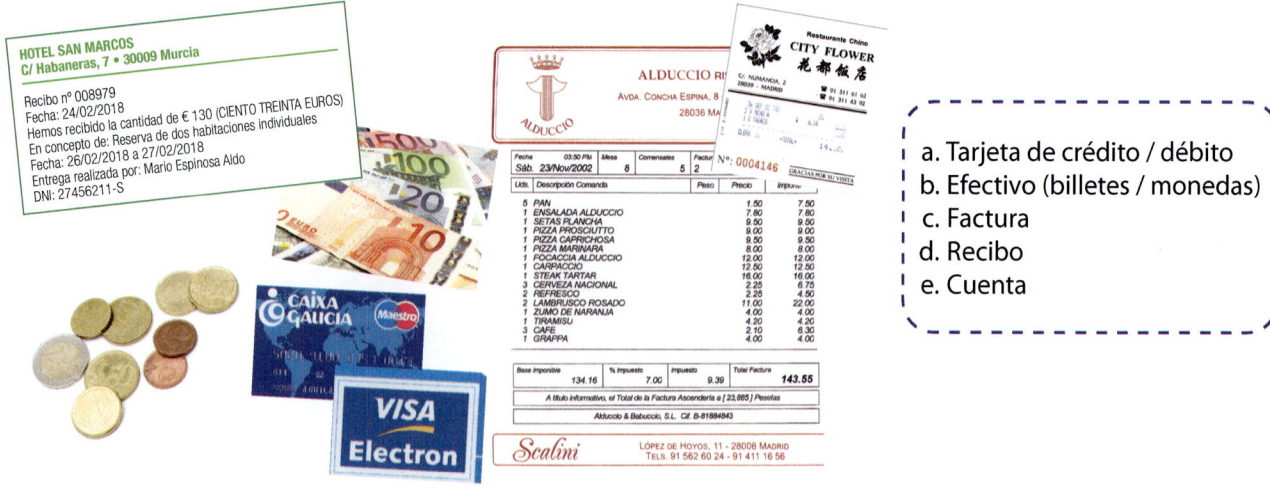

a. Tarjeta de crédito / débito
b. Efectivo (billetes / monedas)
c. Factura
d. Recibo
e. Cuenta

a) ¿Podría hacerme una _____ a mi nombre? Es para la declaración de la renta.
b) La banda magnética de esta _____ no funciona.
c) Voy a pagar con tarjeta porque no tengo _____.
d) Por favor, camarero, la _____ .
e) Aquí tiene, el _____ de su pago.

7 Escribe la lista de precauciones que un empleado de una agencia, de un hotel o de un restaurante debe tomar cuando un cliente paga.

ej.: Si el cliente paga en efectivo, hay que…
ej.: Si el cliente paga con tarjeta de crédito…

a. Verificar cuándo caduca.
b. Comprobar la firma.
c. Verificar que el holograma es el correcto.
d. Comprobar la identidad del cliente.
e. Comparar las firmas en los dos documentos.
f. Marcar el número secreto (pin).

8 Habla con tu compañero/a y contesta a las preguntas.

a) ¿Y tú? ¿Qué forma de pago prefieres? ¿Por qué?
b) ¿Cuándo sueles pagar en efectivo?
c) ¿Cuántas tarjetas de crédito tienes? ¿Y de débito?
d) En muchos comercios, se puede pagar ahora con el móvil. ¿Qué te parece este modo de pago?
e) ¿Confías en internet para pagar tus compras?
f) ¿Qué ventajas e inconvenientes tienen cada forma de pago?

9 Escucha esta conversación en el bar y ordena las frases.

Pista 46
☐ B: Está bien.
☐ A: Sí, eso es.
☐ B: Pues son cuatro euros cincuenta.
☐ B: Gracias, señor. Su cambio. 50 céntimos.
☐ B: Son dos cafés y una ración de patatas fritas, ¿verdad?
☐ A: ¿Aceptan tarjetas de crédito?
☐ B: Sí señor, pero solo para cantidades superiores a diez euros.
1 A: ¿Cuánto es?
☐ B: ¿No tiene el señor esa cantidad en efectivo?
☐ A: Creo que no. A ver, dos, tres, tres cincuenta, tres sesenta… Ah, sí, otra moneda de dos euros. Aquí tiene, cinco euros.
☐ A: Muchísimas gracias, señor.

La vida misma — BLOQUE III — unidad 7

10 ¿Sabes cómo se llaman estas monedas? Relaciónalas con el país correspondiente. ¿Conoces el nombre de otras monedas? Haz una lista.

 1. g.
 2.
 3.
 4.
 5.
 6.
 7.
 8.

a. Unión Europea   b. Argentina   c. República Dominicana   d. Uruguay
e. México   f. Venezuela   g. Chile   h. Bolivia

Pista 47

11 Escucha los siguiente diálogos y marca verdadero (V) o falso (F).

V F

1
a) El cliente es estadounidense. ☐ ☐
b) Quiere cambiar dólares. ☐ ☐

2
c) Quiere cambiar 1 000 euros. ☐ ☐
d) Finalmente cambia 300 dólares. ☐ ☐

3
e) Quiere pagar con tarjeta. ☐ ☐
f) El cliente paga en euros. ☐ ☐

12 Relaciona las imágenes con las frases. Explica qué significa cada una de ellas.

 1.
 2.
 3.

a. Pagar en efectivo
b. Pagar con tarjeta
c. Dejar propina

13 ¿Sabes qué es una *propina*? ¿Es normal dejar propina en España? Lee el siguiente texto y contesta a las preguntas.

 En España, la gente suele dejar propina en los bares y en los taxis pero no siempre. Antes, con la antigua moneda, la peseta, la propina era más habitual pero actualmente esta costumbre está desapareciendo poco a poco. Normalmente se *redondean* las cifras. Por ejemplo, si hay que pagar 2,90 € se redondea a 3 €.
En los restaurantes lujosos esperan una propina del 10 % al 15 % si el cliente queda satisfecho con el servicio pero nadie protesta si el cliente no deja propina. En un hotel de lujo, se suele dar 5 € al botones por llevar el equipaje. También en los casinos, los clientes dan normalmente una buena propina al crupier cuando ganan.

a) ¿En qué lugares se deja propina en España?
b) ¿Qué pasa si no se deja propina?
c) ¿Qué te parece la práctica de la propina?
d) ¿Es habitual la propina en tu país?
e) ¿Cuánto dinero se deja de propina en tu país?
f) Y tú, ¿dejas propina habitualmente?
g) ¿Dónde dejas propina? ¿A quién?

 ¡Te toca! ¿Cuál es la moneda que se utiliza en tu país? Busca la equivalencia que tiene hoy en día tu moneda con otras de las monedas que hemos visto.

Noventa y nueve • 99

De excursión

En contexto

14 Mira esta propuesta de excursión y contesta a las preguntas.

menorca

- Oferta especial de temporada baja: 75 €
  El precio incluye:
  - Billetes en butaca de barco de ida y vuelta desde Palma.
    Estancia de 1 noche en el Hotel Alondra en régimen de alojamiento y desayuno.
    Seguro de viaje e I.V.A.
- Precios por persona en habitación doble.
  Consultar suplementos por habitación individual, así como descuentos para 3ª y 4ª persona.
- Traslados puerto-hotel-puerto no incluidos.
- Horarios del barco:
  Palma-Menorca: 22:00   Menorca-Palma: 08:00
- Opciones especiales:
  Puedes ampliar este viaje con otros días de estancia, otros días de salida, estancia en hoteles de otra categoría o en otra zona de la isla. Si viajas con niños o quieres llevar tu coche, indícalo en la casilla "comentarios" al hacer la pre-reserva y te informaremos.

a) ¿Cuál es el destino del viaje?
b) ¿Cuál es la ciudad de salida?
c) ¿Qué medios de transporte se utilizan?
d) ¿Cuántas personas pueden alojarse en la habitación?
e) ¿Cuál es la hora de salida y llegada del barco?
f) ¿Qué incluye el precio por persona?
g) ¿Son flexibles las condiciones del viaje?
h) ¿En qué fechas puede contratarse el viaje?

15 (Pista 48) Unos amigos hablan de contratar este viaje a Menorca. Escucha el audio y toma nota de los asuntos que quieren consultar a la agencia.

16 Escribe ahora un email a la agencia preguntando por el viaje a Menorca. Explica vuestra situación y pregunta por las cuestiones anteriores.

Comunicación

Escribir un email
- Hola, ¿qué tal?
- Estimado Sr./Sra.
- Distinguido Sr./Sra.

Despedidas
- Un cordial saludo.
- Un saludo.
- Atentamente.

17 Mira ahora la respuesta del hotel y contesta a las preguntas.

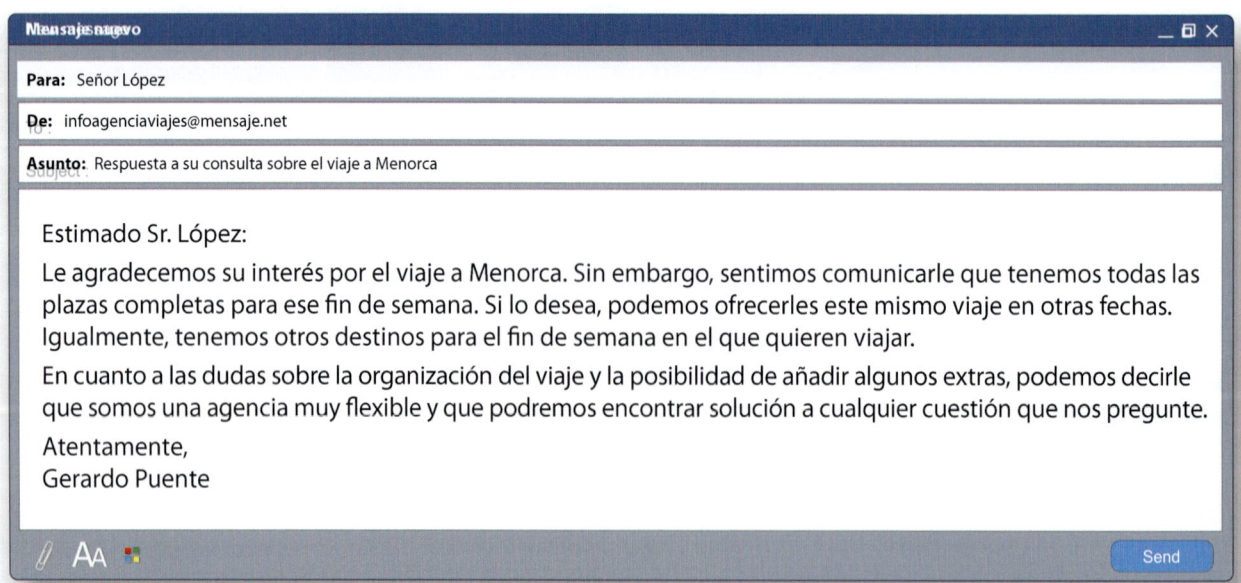

Para: Señor López
De: infoagenciaviajes@mensaje.net
Asunto: Respuesta a su consulta sobre el viaje a Menorca

Estimado Sr. López:

Le agradecemos su interés por el viaje a Menorca. Sin embargo, sentimos comunicarle que tenemos todas las plazas completas para ese fin de semana. Si lo desea, podemos ofrecerles este mismo viaje en otras fechas. Igualmente, tenemos otros destinos para el fin de semana en el que quieren viajar.

En cuanto a las dudas sobre la organización del viaje y la posibilidad de añadir algunos extras, podemos decirle que somos una agencia muy flexible y que podremos encontrar solución a cualquier cuestión que nos pregunte.

Atentamente,
Gerardo Puente

a) ¿Qué le contesta la agencia al cliente?
b) ¿Qué otras opciones le da?
c) ¿Son posibles los extras sobre los que preguntaba el cliente?
d) ¿Quién contesta al correo del cliente?

En contexto — BLOQUE III — unidad 7

18 Mira los siguientes precios de las habitaciones de este hotel. Haz cinco frases comparativas.

ej.: *La habitación individual es más pequeña que la doble.*

PD ****
Palacio Dorado

Miembro de los Hoteles Significativos
Tarifas generales y de empresa

Habitaciones estándar

Tipo de habitación	Tarifa normal	Tarifa empresa
Individual	€ 267,00	€ 180,00
Doble	€ 325,00	€ 220,00
Doble de uso individual	€ 320,00	€ 265,00
Junior suite	€ 550,00	€ 450,00

Habitaciones en planta ejecutiva

Tipo de habitación	Tarifa normal	Tarifa empresa
Individual	€ 325,00	€ 250,00
Doble de uso individual	€ 367,00	€ 280,00
Doble	€ 435,00	€ 325,00
Doble deluxe	€ 460,00	€ 345,00
Junior suite ejecutiva	€ 700,00	€ 540,00
Suite ejecutiva	€ 1 100,00	€ 880,00
Suite presidencial	€ 2 250,00	€ 2 000,00

(IVA no incluido 7%)

Gramática

Comparativos

- Más + adjetivo + que

  La habitación doble es más grande que la individual.

- Menos + adjetivo + que

  La tarifa empresa es menos cara que la normal.

- Igual de + adjetivo + que

  Las tarifas son iguales de caras que en verano.

19 Escucha a Laura hablando de sus vacaciones ideales y contesta verdadero (V) o falso (F).

Pista 49

	V	F
a. Ha viajado por todos los continentes menos África.	☐	☐
b. Le gusta organizar sus propios viajes.	☐	☐
c. Conocer la gastronomía es más importante que visitar los monumentos.	☐	☐
d. Solo viaja con amigos.	☐	☐
e. Prefiere las excursiones cortas a los viajes largos.	☐	☐
f. Siempre alquila un coche en su lugar de destino para conocer los alrededores.	☐	☐
g. Para encontrar buenos precios lo mejor es reservar en el último momento.	☐	☐
h. Odia los autobuses y los trenes.	☐	☐
i. Ya ha preparado su próximo viaje a Francia.	☐	☐

20 En pareja. ¿Qué valoráis a la hora de elegir un viaje? Rellenad este cuestionario y coméntadlo.

	a	b	c
• Prefiero viajar…	solo	con amigos	en familia
• Cuando viajo…	solo viajo en avión	utilizo mi coche	uso diferentes transportes
• Me gustan los viajes a lugares…	en los que no hay turismo	con mucha vida	donde se puede hacer todo tipo de planes
• Cuando pienso en vacaciones, pienso en un lugar para…	desconectar	divertirme	descansar y realizar actividades variadas
• Mi viaje ideal dura…	un fin de semana	un mes	una semana
• Si viajo a una ciudad me gusta…	conocer la cultura	ver los museos y monumentos	pasear tranquilamente por la ciudad
• Conozco…			

De excursión

Profesionales

21 Antonio Solís trabaja en una agencia de viajes. Lee el texto y contesta a las preguntas.

Nuestros clientes son muy variados. Hay viajeros que quieren contratar paquetes organizados, con todo incluido, con excursiones, guías que les expliquen todos los monumentos, etc. Son viajeros muy planificados. Por supuesto, todos esos extras tienen un coste pero generalmente no les importa pagarlo. Prefieren la seguridad. Otro tipo de cliente es el que viaja con más libertad. Nosotros les reservamos el transporte, generalmente el vuelo y el hotel, pero el resto de los servicios los buscan ellos mismos. Deciden allí si quieren comer en un sitio u otro, si van a hacer alguna excursión, si añaden algún extra, etc. El precio de sus vacaciones es más barato cuando lo contratan, pero después tienen que pagar por todos estos servicios. Normalmente estos viajeros son gente joven que quiere tener más independencia. Por otra parte existe un cliente intermedio entre las dos opciones anteriores. Contrata algunos servicios pero también tiene su tiempo libre para poder disfrutar a su manera. Es un viajero que suele hacer viajes con frecuencia y que sabe lo que quiere y lo que necesita en cada destino. Desde mi punto de vista esta es la mejor elección.

a) ¿Sobre qué habla el texto?
b) ¿De cuántos tipos de clientes habla? ¿Qué características tienen los clientes?
c) ¿Cuál es la mejor opción para contratar un viaje según Antonio Solís? ¿Y para ti?
d) ¿Qué ventajas e inconvenientes crees que tienen estas opciones?
e) ¿Qué significa *tener un coste*?
f) Y tú, ¿qué tipo de cliente eres? Habla con tu compañero/a.

22 Imagina que eres Antonio Solís y explicas a tus clientes las condiciones del viaje que ofrece tu agencia. Escribe el diálogo entre el cliente y Antonio.

23 Mira estas imágenes. ¿Quiénes son? ¿Qué hacen normalmente? ¿En qué te pueden ayudar?

24 Escucha a Jaime Fox. Se ocupa de transportar diariamente grupos de turistas extranjeros desde la Ciudad de México hasta las pirámides de Teotihuacán. Escribe las ventajas y desventajas de su profesión. Completa la tabla.

Pista 50

Ventajas	Desventajas

 ¡Te toca! Elige una profesión relacionada con el turismo. Explica a tus compañeros/as cómo es tu trabajo, dónde trabajas, qué haces todos los días, cuáles son tus funciones, etc. Ellos adivinarán de qué profesión se trata.

Atención al cliente

BLOQUE III — unidad 7

 25 Este viajero llama por teléfono a la agencia para cambiar algunas de las condiciones de su viaje. Escucha el audio y completa el diálogo.

Pista 51

El cliente siempre tiene la razón

Cliente: Hola, buenos días. ¿Podría hablar con Antonio Solís?
Agente: Sí, soy yo. Dígame, ¿Con quién hablo?
Cliente: Hola, soy Ricardo Gómez, ¿me recuerda? Reservé un paquete vacacional hace unos días.
Agente: Sí, claro, Ricardo, un fin de semana en París la semana que viene.
Cliente:
Agente: No hay problema. ¿Qué quiere incluir?
Cliente:
Agente: Perfecto. Tomo nota. Tendría que pagar entonces un extra.
Cliente: Sí, sí, claro.
Agente: ¿Quiere entonces alojamiento y desayuno? A ver, en el hotel donde se alojan el desayuno es de tipo bufé. ¿Le va bien?
Cliente:
Agente: Sí, el precio de la habitación con desayuno solo es tres euros más caro.
Cliente: Otra cosa más. También nos ofreció una excursión a Versalles. ¿Es posible incluirla?
Agente: Un momento, voy a comprobar si el autobús está completo. A ver… lo siento mucho, pero ya no quedan plazas. Voy a anotar su nombre en la lista de espera por si alguien cancela la excursión.
Cliente: ¡Qué pena! Pero me parece buena idea. Si hay alguna baja, ¿me avisará?
Agente: Sí, claro. De todos modos, tenemos también una excursión a Eurodisney. ¿Le interesa?
Cliente:
Agente: Genial, traslados al aeropuerto, desayuno, y Versalles si hay plazas…

 ¡Te toca! Con tu compañero/a, inventa una situación similar a la anterior. Escribe el diálogo entre el cliente y el agente.

LA TAREA

¿Nos vamos de excursión? En grupos, programad una salida para un fin de semana.

2 ¿Cómo vais a llegar hasta allí? ¿Transporte público o privado? ¿A qué hora salís? ¿Dónde os alojáis?

3 Buscad información sobre el destino y los lugares de alrededor. Haced una lista con las actividades que podéis realizar y seleccionad las que más os gusten.

4 Haced un esquema con las actividades que habéis elegido y decidid cuándo vais a hacer cada una de ellas. Estableced también los tiempos de descanso y de comidas.

1 Pensad en un destino cercano a vuestra ciudad para realizar una excursión de fin de semana. ¿Qué lugares conocéis?

5 Explicad vuestra excursión al resto de los compañeros/as: destino, actividades, precio aproximado, plan de visitas, etc.

Ciento tres • **103**

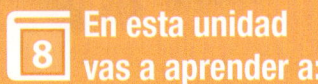

En esta unidad 8 vas a aprender a:

- Hablar sobre la organización de eventos y congresos.
- Hablar en términos de facturación de un hotel.
- Formular reclamaciones y quejas.
- Atender reclamaciones y solucionar problemas.

¿Quiénes son?
¿Dónde están?
¿Qué hacen?

Pista 52

1 Escucha el diálogo.

Relaciones Públicas: Este salón Magnum es más grande que el anterior. Aquí caben las quinientas personas sentadas en mesas de doce y otras doscientas más si es necesario.
Cliente: No, no. El número total será quinientos. Me ha traído los dos presupuestos, ¿verdad?
RR. PP.: Sí, uno para el cóctel y otro que incluye cena. También hay otra opción intermedia: una cena fría tipo bufé, para que la gente cene de pie. Sale casi por la mitad del precio.
C: Pues sí, me gusta la idea. Así además podemos hablar más fácilmente con todo el mundo. Si me enseña qué menús tienen para el bufé y los precios, tomaré la decisión esta misma tarde.
RR. PP.: Cómo no. Ahora mismo se lo preparo todo.
C: Muy bien, pero antes quiero ver la sala de conferencias, para comprobar los medios técnicos, y las habitaciones para mis compañeros, los invitados y miembros de nuestro consejo. Ah, ya le dije que ni ellos ni nuestro presidente quieren suites. Prefieren habitaciones dobles normales.
RR. PP.: Para ellos, tenemos preparados las suites ejecutivas que son un poco mejores y más grandes que las dobles estándares, pero les mantenemos a ustedes el mismo precio.
C: Gracias. Vamos a ver entonces la sala de congresos. (…)
RR. PP.: Esta es la sala. Aquí está el panel de control de sonido y el cañón de proyección. También tenemos ordenadores portátiles, si los necesitan.

Dos palabras españolas adaptadas del francés *buffet*

- Bufé
- Bufet

2 Elige la respuesta correcta.

a) ¿Cuántas personas van a asistir?
☐ 200 personas.
☐ 700 personas.
☐ 500 personas.

b) ¿Quién se aloja en las suites?
☐ El presidente.
☐ Miembros del consejo.
☐ Nadie.

c) ¿Qué evento se celebra?
☐ Una boda.
☐ Un congreso.
☐ Una presentación comercial.

¡Te toca! Lee el diálogo con tu compañero/a. Después, representad una situación parecida.

Congresos y eventos

BLOQUE III
unidad 8

3 Empareja las siguientes palabras con la imagen correspondiente.

a. Camarero
b. Bombones
c. Micrófono
d. Brindis
e. Bocadillo
f. Acreditación
g. Pinchos
h. Canapé
i. Pastel
j. Bandeja
k. Cañón de proyección
l. Ponente
m. Público
n. Libreta
ñ. Portátil

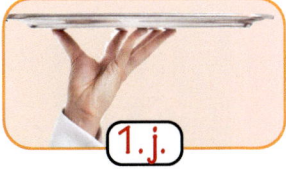
1. j.

2.

3.

4.

5.

6.

7.

8.

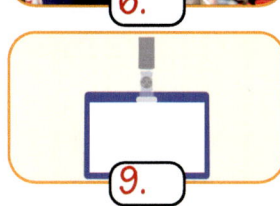
9.

10.

11.

12.

13.

14.

15.

4 ¿Qué cosas se pueden hacer o no se pueden hacer en una conferencia?

a. Cantar por el micrófono.
b. Tomar el desayuno.
c. Hablar por teléfono.
d. Escuchar con atención.
e. Dar un aplauso.
f. Brindar.
g. Hablar con un amigo.
h. Ver una presentación.
i. Dormir.
j. Leer el periódico.
k. Tomar notas.
l. Pedir la acreditación.

5 ¿Quién dice las siguientes frases, el encargado o el cliente?

a. El bufé lo servimos en el jardín. → *el encargado*
b. ¿El aforo? Caben 100 personas en esta sala. →
c. Queremos contratar también un servicio de traducción. →
d. ¿Qué capacidad tiene el salón grande? →
e. Sí, necesitaré el cañón de proyección para mi presentación. →
f. ¿Necesita un micrófono para la conferencia? →
g. Le preparamos un presupuesto para la celebración. →
h. ¿Es posible organizar una cena informal con un cóctel? →
i. El precio depende del número de personas. →

Expresiones clave
- Quejarse
- Hacer una reclamación
- Pedir el libro de reclamaciones
- Hablar con el responsable
- Estar descontento con el servicio
- Organizar una celebración
- Celebrar un evento
- Pedir un presupuesto
- Dar una conferencia
- Hablar en público
- Ofrecer un coctel a los invitados

Congresos y eventos

La vida misma

6 Lee el folleto atentamente y contesta a las preguntas.

Salón Real

Hotel
Escudo Real

★★★★
ER

El salón Real tiene una capacidad de 300 personas de pie y 100 sentadas. Es el marco ideal para celebrar cócteles, cenas o comidas.
Está técnicamente equipado con sistemas de sonido e imagen para hacer cualquier tipo de presentación audiovisual.
Tenemos dos tipos de cóctel a su elección:

Cóctel Empresa Básico.
Por persona:
7 pinchos fríos:
jamón ibérico
queso manchego
lomo ibérico
canapés de atún
pinchos de mozzarella con tomate holandés
pinchos de piña con jamón cocido
pinchos de gambas

7 pinchos calientes:
chorizo a la sidra
croquetas de ave
croquetas de jamón
tapa de solomillo con brie
merluza a la romana
calamares a la romana
salchichas con bacon

pasteles variados
barra libre de refrescos, vino, cervezas, cava y combinados.
Precio por persona: **50 €** I.V.A. incluido.

Cóctel Empresa Deluxe.
A la oferta anterior se le añaden tres canapés fríos y tres calientes:
foie con mermelada de higos
salmón ahumado con huevo hilado y alcaparras
carpaccio de bonito con pimiento de Piquillo
lubina con salsa de trufas
perdiz estofada
venado adobado

El cava se sustituye por champán francés y se ofrece barra libre de licores y combinados después del cóctel

El precio por persona es de **65 €** I.V.A. incluido.

Consulte los menús para la celebración de comidas y cenas. Precios según menú de 70 € a 120 €/persona, I.V.A. incluido.

a) ¿Qué eventos se pueden celebrar en el Salón Real?
b) ¿Qué capacidad tiene el salón?
 ¿Cuántas personas caben sentadas?
c) ¿Qué opción de cóctel es más barata?
d) ¿Se pueden hacer presentaciones audiovisuales?
e) ¿Los precios incluyen los impuestos?
f) ¿Cuál de los dos menús ofrece combinados?
g) ¿Cuál es el cóctel que más te gusta? ¿Por qué?

7 Habla con tu compañero/a. ¿Conoces todos los platos de los menús? ¿Cuál de los dos cócteles te parece más adecuado para una cena de empresa? Imagina que tenéis que organizar una cena para celebrar que vuestra empresa cumple veinticinco años. Debéis pensar:

• Lugar: capacidad, características, posibilidades…
• Características del evento: música, conferencias, regalos conmemorativos…
• Tipo de cena: informal, formal, cóctel…
• Tipo de comida: moderna, tradicional, sofisticada…

 ¡Te toca! Imagina que fuiste uno de los invitados a la cena que se celebró la pasada noche. Redacta un informe contando cómo fue todo. Señala tres cosas positivas y tres cosas negativas del evento.

La vida misma   BLOQUE III   unidad 8

8 Lee la siguiente factura y empareja las letras con los números.

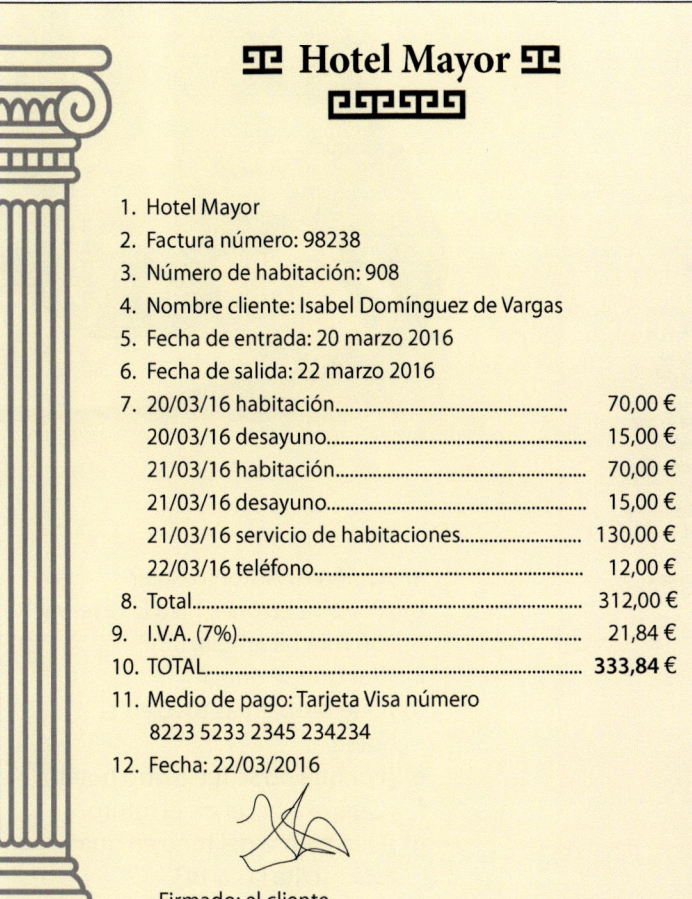

a. Nombre del huésped ☐
b. Número de habitación ☐
c. Importe de la factura
   (I.V.A. incluido) ☐
d. Fecha de salida ☐
e. Especificación de los gastos ☐
f. Forma de pago ☐

9 Escucha las conversaciones y ordena las frases.

Pista 53

1
☐ Recepción, buenas tardes.
☐ Gracias.
☐ Lo siento señora. Ahora mismo envío al encargado de mantenimiento a su habitación.
☐ Llamo de la 230. Me estaba lavando la cabeza y me he quedado sin agua.

2
☐ Lo siento señor. No se preocupe, le envío inmediatamente a la gobernanta para que lo vea y le cambien las sábanas.
☐ Le llamo de la 4040. Acabo de abrir la cama para acostarme y he visto que las sábanas están sucias.

3
☐ Es el 92323924 con el 33 de Francia y el 1 de París delante.
☐ No se preocupe. Deme el número de teléfono con el que quiere hablar y se lo marcaremos desde la centralita.
☐ Buenas noches.
☐ ¿Ha marcado delante el 00, el 9 y el número con el prefijo del país y la ciudad a la que llama?
☐ Hola. Estoy intentando llamar al extranjero desde el teléfono de la habitación pero no puedo conectarme.
☐ Sí, sí. Lo he intentado tres veces y no hay manera.
☐ Gracias, un momento por favor. En un minuto le llamamos, cuando tengamos la conexión con París.

Congresos y eventos

En contexto

10 Lee la siguiente queja del cliente y contesta a las preguntas.

Att. Director
PD Palacio Dorado
C/ Real, 12
Ávila

Estimado señor,
Mi nombre es Antonio Ruiz Escalar y me alojé en su hotel la noche del 15 de julio de este año.
Hice la reserva con mucha anticipación, en el mes de febrero, ya que tengo problemas de insomnio y le quería pedir una habitación individual muy tranquila y silenciosa.
Mi sorpresa llegó cuando, al llegar al hotel, me dieron una en un primer piso con vistas a la autopista de Madrid. Tras mi protesta, me dijeron que era la única disponible y que en toda la ciudad no iba a encontrar ninguna otra ya que se celebraba la feria del turismo rural y todos los hoteles estaban llenos.
Afortunadamente no pude escuchar el ruido de la carretera ya que la boda que se celebró en la planta baja fue mucho más ruidosa, así como la televisión de la habitación de mi derecha. La boda solo duró hasta las 5 de la mañana.
Así tuve al menos cuarenta y cinco minutos para poder dormir antes de tener que levantarme para ir a trabajar a la ciudad.
Lamento decirle que es la última vez que utilizaré los servicios de su hotel, y así lo haré saber a mi empresa para que no envíe a ningún compañero más cuando tengamos que dormir en Ávila.
Atentamente,

Antonio R. Escalar

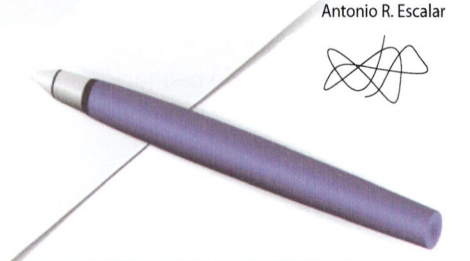

a) ¿Quién es Antonio Ruiz?
b) ¿Por qué razones hizo la reserva con mucha antelación?
c) ¿Por qué se queja?
d) ¿Qué problemas tuvo en el hotel?
e) ¿Por qué no se fue a otro hotel?
f) ¿Qué va a hacer en el futuro?
g) ¿Qué piensa del tono en que está escrita la carta?

11 Clasifica las siguientes expresiones para quejarse y disculparse en el lugar correspondiente.

a. Estoy realmente enfadado porque...
b. Lo siento señor...
c. Es inadmisible...
d. Es increíble...
e. En nombre del hotel le pido perdón por...
f. Me tengo que disculpar por el malentendido...
g. No puedo comprender cómo ustedes...
h. Sin duda ha tenido que tratarse de un malentendido ya que en ningún momento el hotel...
i. En compensación a los problemas causados hemos decidido...
j. Permítame disculparme en nombre del hotel.
k. Su hotel me ha decepcionado totalmente.
l. No tengo ninguna intención de volver aquí en el futuro.
m. Le puedo asegurar que es la primera vez que ha ocurrido esto y que no volverá a suceder...
n. Por favor, acepte nuestras disculpas por...

QUEJAS
a) Estoy realmente enfadado___

DISCULPAS

En contexto BLOQUE III unidad 8

12 Eres el director del hotel. Recuerda las seis reglas de oro del cuadro. Utilízalas y escribe una respuesta para la reclamación de la página anterior. Aquí tienes un ejemplo.

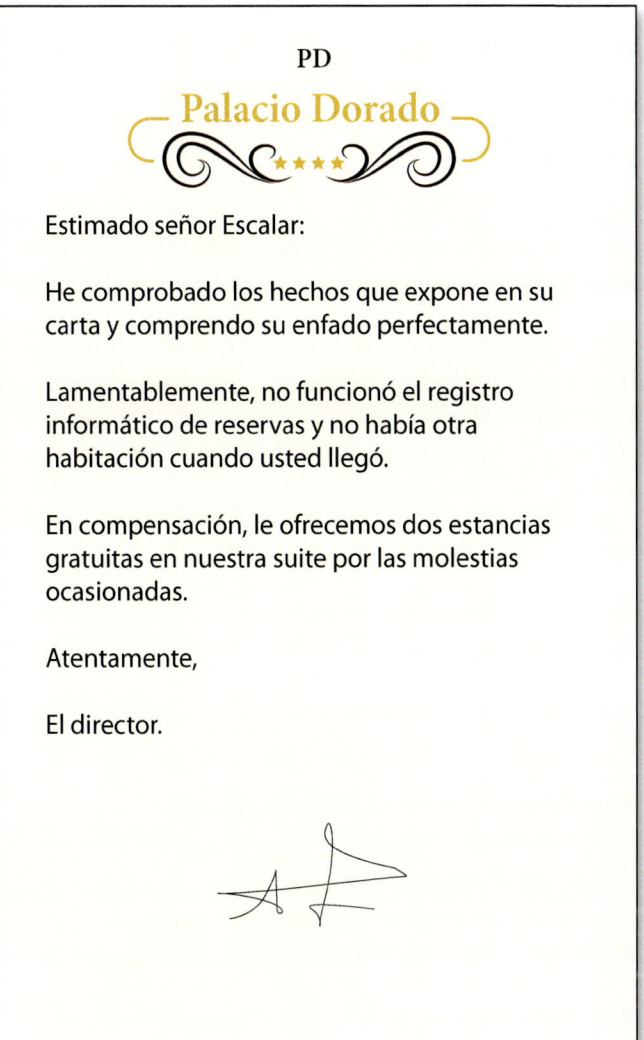

PD
Palacio Dorado
★★★★

Estimado señor Escalar:

He comprobado los hechos que expone en su carta y comprendo su enfado perfectamente.

Lamentablemente, no funcionó el registro informático de reservas y no había otra habitación cuando usted llegó.

En compensación, le ofrecemos dos estancias gratuitas en nuestra suite por las molestias ocasionadas.

Atentamente,

El director.

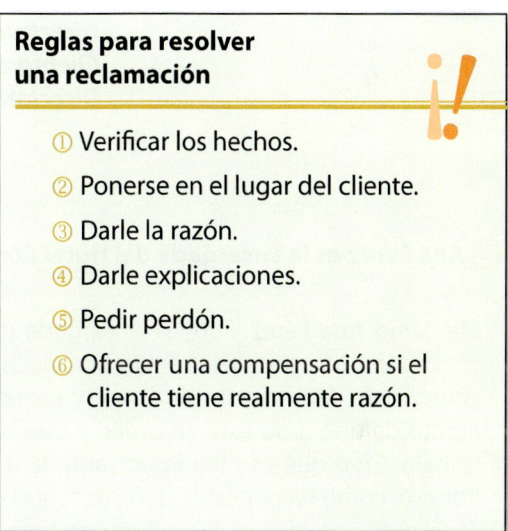

Reglas para resolver una reclamación

① Verificar los hechos.
② Ponerse en el lugar del cliente.
③ Darle la razón.
④ Darle explicaciones.
⑤ Pedir perdón.
⑥ Ofrecer una compensación si el cliente tiene realmente razón.

13 En la recepción del hotel el encargado ha propuesto las siguientes soluciones. ¿Cuál es el problema? Relaciona las frases de la columna de la izquierda con las de la derecha.

a. ¿Es la 212? Efectivamente, es un error, la suya es la 213, habitación doble para no fumadores.
b. No se preocupe. Le mandamos al servicio de limpieza.
c. Claro, ningún problema. La camarera le subirá otra manta a su habitación.
d. Disculpe, ahora mismo le cambiamos la bebida.
e. Sí, ya veo, es un error. Voy a prepararle de nuevo la factura.
f. Puede regular el aire usted mismo en la habitación.
g. Perdone, señor. Voy a llamar a cafetería para que le suban unas botellas de agua y unos zumos.

☐ Hay una mosca en el cóctel.
☐ Tienes frío y quieres más mantas.
☐ El suelo de la habitación está sucio.
☐ La habitación que nos ha dado no corresponde a la que hemos reservado.
☐ El aire acondicionado está muy fuerte.
☐ No hay bebidas en el minibar.
☐ Te han cobrado dos veces un servicio.

¡Te toca! Fíjate en los problemas anteriores. Elige uno de ellos y redacta una queja. Después, intercámbiala con uno de tus compañeros y da respuesta a la suya.

Congresos y eventos — Profesionales

14 Eres la directora del hotel y recibes una queja. Escucha el audio y completa el diálogo.

Pista 54

Clienta: Quiero hablar con el director.
Directora: _____
Clienta: Este hotel está lleno de incompetentes.
Directora: _____
Clienta: Ya he hablado con el recepcionista, el jefe de recepción, el cajero y no hay manera de que me arreglen la factura.
Directora: _____
Clienta: Antes de venir al hotel, cuando hice la reserva por teléfono, les pregunté si podían darme una factura por una habitación doble de uso individual aunque me acompañara mi marido. Me dijeron que sí, y que podía pagar yo la diferencia aparte.
Directora: _____
Clienta: Pues que al registrarme el día de la llegada se lo recordé al recepcionista y me dijo que no había ningún problema, pero ahora veo que me han hecho una factura por una habitación doble y dicen que no la pueden cambiar.
Directora: _____
Clienta: Pues que mi empresa no va a pagar por una habitación doble. Además, no quiero que sepan que esta vez mi marido me ha acompañado.
Directora: _____
Clienta: Se lo agradezco mucho. Perdone las molestias.
Directora: _____

15 Ana Pérez es la encargada del Hotel Continental. Lee el texto y contesta a las preguntas.

Me llamo Ana Pérez y soy la encargada del Hotel Continental desde hace ya cinco años. Me gusta mi trabajo por muchas razones, pero a veces también es complicado. Me encargo de dirigir y coordinar al personal y eso significa estar atento de que todo esté en orden y que cada trabajador esté en su puesto de trabajo. Creo que es muy importante la unidad entre los miembros del hotel. Por eso, como responsable, a veces tengo que llamar la atención a mis compañeros y eso no es agradable. Por otra parte, en nuestra filosofía, el cliente es lo más importante y queremos ante todo su satisfacción. Cuando algún cliente está descontento con algún servicio tengo que atenderle. Los clientes no siempre tienen razón pero yo, como encargada, tengo que escucharlos pacientemente e intentar darles una solución a sus reclamaciones, aunque la culpa no es siempre nuestra. Cuando se trata de incidentes graves, llamo al director para que él tome una decisión final ante el asunto.

a) ¿Qué tareas son las que hace Ana?
b) ¿Crees que a Ana le gusta su trabajo? ¿Por qué?
c) ¿Atiende Ana personalmente a los clientes?
d) ¿Crees que es un trabajo fácil?
e) ¿Qué hace Ana cuando ella no puede solucionar los problemas?
f) ¿Te gustaría ser encargado de un hotel? Habla con tu compañero/a.

16 Escucha la conversación entre la directora del Hotel Majón y el director de Recursos Humanos. Después contesta a las preguntas.

Pista 55

a) ¿Qué problemas tiene la directora del hotel?
b) ¿Cómo se pueden solucionar?
c) ¿Qué problemas tiene el director de Recursos Humanos?

Atención al cliente

BLOQUE III — unidad 8

17 Mira las siguientes imágenes. ¿Qué te sugieren? ¿Qué situación representan? Con tu compañero/a escribe un pequeño diálogo para cada una de ellas en el que un cliente se queja por algún servicio.

El cliente siempre tiene la razón

LA TAREA

Celebraciones y... quejas

1 Imaginad que organizáis una celebración. Pensad en qué celebráis, en qué consiste, que cosas hay...

2 Observáis el lugar. No hay nada de lo que habíais pedido: sillas, es pequeño, no hay aseos…

3 La comida no os gusta nada: está fría, está cruda, está salada, no es lo que encargasteis.

4 Han olvidado algunos detalles: preparar la sala para el discurso, la música, las flores, los regalos para los asistentes, poner el aire acondicionado/calefacción…

5 Escribid una queja detallada a los organizadores del evento explicando la situación y vuestro descontento. Después, leedla a la clase.

Ciento once

9 En esta unidad vas a aprender a:

- Dar órdenes e instrucciones.
- Hacer referencia a objetos o cosas de forma indeterminada.
- Comprender el lenguaje utilizado en las recetas.
- Dar y compartir recetas.

¿Conoces estos alimentos?
¿Qué platos conoces de la cocina típica española?
¿Y de la hispanoamericana?

1 Escucha el diálogo.

Pista 56

Tomeu y Margalida están preparando una carta con menús para el servicio de habitaciones de su pequeño hotel rural en Mallorca.

Tomeu: En el desayuno tenemos que poner zumo de naranja y ensaimada. ¿Alguna cosa más?
Margalida: Sí claro, podemos poner café y churros, que es un desayuno muy español. ¡Ah! y no te olvides del pan con tomate que es muy importante en esta tierra.
T: Por supuesto. Yo creo que para la comida tenemos que ofrecer una buena paella, además de otros platos típicos como el pisto.
M: ¿Quieres decir nuestro "tumbet"?
T: Sí, sí, eso.
M: ¿Qué te parece si ponemos otros platos típicos españoles como la fabada y el cocido?
M: Muy bien. Además de la comida casera, podíamos poner cosas más sencillas.
M: Sí, sí, algún pescado como merluza o salmón.
T: Sí, algo así. Buena idea. Un pescado a la plancha o al horno.
M: Perfecto, pero no podemos olvidar la tortilla de patatas.
T: Claro. Para la cena podemos ofrecer croquetas y otros entremeses como jamón serrano o queso manchego.
M: Sí, y alguna ensalada.
T: Una ensalada mediterránea, por ejemplo, con atún y aceitunas negras. ¿Y para decorar el comedor?
M: Podemos poner fotos de platos españoles típicos de cada región en las paredes. Y también estoy pensando en poner en las mesas del comedor unas hojas con las recetas de los platos que preparamos.
T: Claro. Así, nuestros clientes pueden hacerlas en sus casas cuando vuelvan de vacaciones.
M: ¡Vale! ¡Qué buena idea!

Gramática

Indefinidos

Hacen referencia a objetos o cosas de manera indeterminada.

- algún / alguna
¿Tenéis algún pescado en la carta? ¿Y algo de carne?

- algunos / algunas
Por aquí hay algunos restaurantes y algunas tiendas de alimentación.

- algún / alguno
¿Hay algún plato típico?

2 Elige la respuesta correcta.

a) ¿Qué ponen en el desayuno?
☐ Pan con tomate y zumo de naranja.
☐ Zumo de naranja y ensaimadas.
☐ Zumo de naranja, pan con tomate y ensaimadas.

b) ¿Qué van a poner en las mesas?
☐ Hojas de árbol para decorar.
☐ Hojas de papel para escribir.
☐ Hojas de papel con las recetas.

c) ¿Qué es el tumbet?
☐ Ensalada.
☐ Carne.
☐ Pisto.

¡Te toca! Lee el diálogo con tu compañero/a. Después, representad una situación parecida.

Gastronomía

BLOQUE III
unidad 9

3 Empareja las palabras siguientes con la imagen correspondiente.

a. Sartén
b. Olla
c. Cuchillo
d. Tenedor
e. Cuchara
f. Fuente
g. Plato
h. Batidora
i. Cafetera
j. Colador
k. Embudo
l. Botella
m. Jarra
n. Bol
ñ. Horno
o. Parrilla
p. Microondas
q. tabla de cortar

4 Fíjate en cómo se dicen estas expresiones. Relaciona las palabras de la columna de la izquierda con los dibujos y escribe la frase correspondiente.

ej.: a-11: *loncha de jamón*

a. Loncha de
b. Rodaja de
c. Rebanada de
d. Pizca de
e. Barra de
f. Diente / Cabeza de
g. Aros de
h. Litro de
I. Kilo de
j. Vaso de
k. Copa de

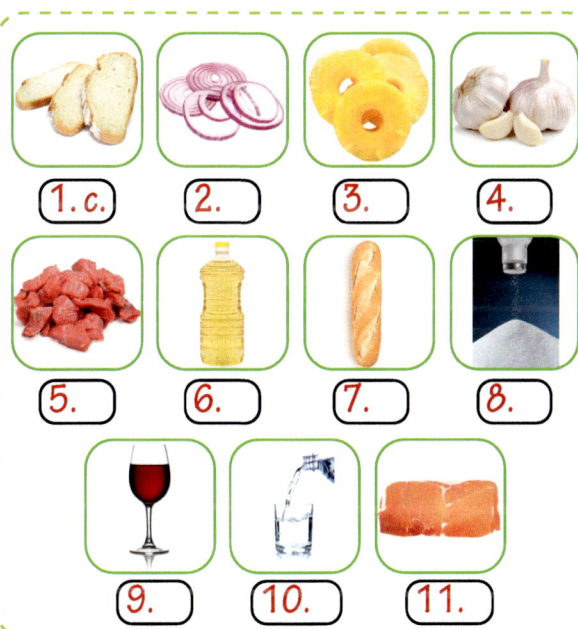

Expresiones clave

- Hacer tres comidas
- Probar un plato típico
- Preparar una receta
- Cocinar un primer plato
- Hacer una tarta
- Pelar una patata
- Cortar la carne
- Añadir un poco de sal
- Comprar los ingredientes
- Freír un huevo
- Tostar pan
- Aliñar una ensalada

5 ¿Conoces estos platos? Con tu compañero/a, describe las imágenes. Utiliza el vocabulario anterior.

1

2

3

4

Gastronomía

La vida misma

6 Clasifica los alimentos según se tomen en el desayuno, el aperitivo, la comida o la cena.

- Bizcocho
- Cocido
- Paella
- Pisto
- Queso manchego
- Ensaimada
- Huevo
- Leche con cereales
- Tortilla de patatas
- Fabada
- Jamón serrano
- Entremeses
- Dorada a la sal
- Aceite de oliva
- Tostadas
- Croquetas
- Barra de pan
- Aceitunas
- Patatas fritas
- Ensaladilla rusa
- Filete de ternera
- Lenguado a la plancha

Desayuno

Aperitivo

Comida

Cena

7 Lee la información de las siguientes tarjetas de restaurantes y habla con tu compañero/a.

a) ¿Qué podemos hacer en el Restaurante Alta Vista?
b) ¿Desde qué hora podemos desayunar en la Cafetería Azul?
c) ¿Hasta qué hora podemos cenar en el Salón Emperador?
d) ¿Qué te parecen los horarios de estos lugares?
e) ¿A qué hora puedes comer en un restaurante de tu país? ¿Y cenar?
f) Y tú, ¿A qué hora comes? ¿A qué hora cenas?
g) ¿Cuál es tu comida favorita?
h) ¿Y la que menos te gusta?

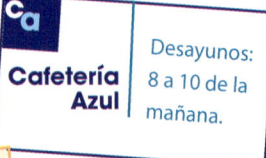
Cafetería Azul — Desayunos: 8 a 10 de la mañana.

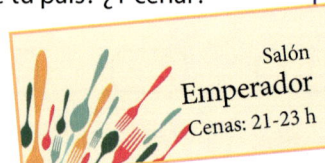
Salón Emperador — Cenas: 21-23 h

Comidas: de 1 a 4 de la tarde — Restaurante Alta vista

Gramática

Preposiciones

- **Desde:** Origen en el tiempo o el espacio.
- **Hasta:** Límite en el tiempo o el espacio.
  - El restaurante está abierto *desde* las 14:00 *hasta* las 16:00.
  - *Desde* su casa *hasta* el restaurante hay 1 km.
- **A:** Momento concreto en el tiempo o dirección.
  - El restaurante abre *a* las 14:00.

8 Lee los siguientes textos y relaciónalos con el personaje.

a) Yo desayuno a las 7:00. Normalmente tomo café o mate, unas tostadas con mermelada o dulce de leche y jugo de naranja a veces.

b) Yo desayuno a las 7:00. Normalmente tomo té con leche, tostadas con judías y huevos con bacon.

c) Yo desayuno a las 8:00. Tomo un café con leche y una tostada.

d) Yo desayuno a las 7:30. Tomo un café con leche y unos huevos rancheros.

 1
 2
 3
 4

 ¡Te toca! Escribe un texto como los anteriores. Compáralo con el de tus compañeros/as.

La vida misma

9 Observa estos alimentos y contesta las preguntas.

a) ¿Eres vegetariano/a o comes carne y pescado?
b) ¿Qué carne es más cara?
c) ¿De qué animales es la carne de la foto?
d) ¿Qué marisco de los que ves te gusta más?
e) ¿Es más barato el pescado o la carne?
f) ¿Cuánto vale el kilo de manzanas? ¿Y en tu ciudad?
g) ¿Son más baratas las peras o las naranjas?

10 Escucha a los personajes y marca lo que tienen que comprar en el supermercado.

- ☐ 1 bolsa de naranjas
- ☐ 1 kg de filetes
- ☐ 2 pechugas de pollo
- ☐ ½ kg de sardinas
- ☐ una caja de fresas
- ☐ 2 pepinos

- ☐ ½ kg de gambas
- ☐ 2 chuletones de ½ kilo cada uno
- ☐ una merluza en rodajas
- ☐ 5 manzanas
- ☐ 2 tomates pequeños

- ☐ 4 sepias
- ☐ 2 muslos de pollo
- ☐ 1 kg y ½ de chuletas de cordero
- ☐ 1 solomillo de cerdo en filetes

11 Coloca la palabra debajo de la imagen correspondiente. Después, define con tus palabras estas acciones.

freír

pelar
cortar
mezclar
freír
escurrir
picar

Pelar: quitar la piel a un alimento, como por ejemplo a una fruta.
Cortar: ...

12 Escucha las frases y ordena el diálogo.

- ☐ A: Umm, ¡qué buena!
- ☐ B: Estupendo. ¿Qué postre van a traer?
- ☐ A: No, me han prometido estar aquí a las dos en punto y no tengo ganas de ponerme a cocinar delante de ellos.
- ☐ A: Muchas gracias. Ana me dijo que ellos iban a traer el postre.

- ☐ B: Espera un poco, seguro que no vienen hasta las tres, ya sabes que siempre llegan tarde.
- ☐ B: Bueno, pues si quieres te ayudo y mientras tú haces la tortilla yo preparo la ensalada.
- ☐ A: Tarta de queso.
- ☑ A: Tengo que preparar la tortilla ahora mismo. Ya son las doce.

Ciento quince • **115**

Gastronomía

En contexto

13 Lee el siguiente artículo de esta revista y completa con las palabras del recuadro. Fíjate también en los verbos que se utilizan. ¿En qué modo aparecen?

¡OJO!
La palabra "receta" en español tiene dos significados: receta de cocina y receta médica. Hay un ejemplo de receta de cocina en esta lección. La receta médica es un papel donde el médico escribe las medicinas que se deben tomar, así como la cantidad y la frecuencia.

- Dar la vuelta
- Colador
- Huevos
- Sartén
- Rodajas
- Patatas
- De oliva

Cocina en tus manos...

Hoy presentamos una de las recetas españolas más sabrosas y fáciles de preparar: la tortilla de patatas.

Dificultad: media Tortilla de patatas

Ingredientes:
4 huevos
4 ☐
1 cebolla (opcional)
1 pizca de sal
½ litro de aceite ☐

Forma de preparación:
- Pela las patatas y córtalas en ☐.
- Corta las cebollas en rodajas finas también.
- Fríe las patatas en el aceite. Cuando estén medio fritas, añade las cebollas.
- Una vez fritas, retira las patatas y las cebollas y escúrrelas en el ☐.
- Bate los ☐ y mézclalos con las patatas y cebollas.
- Pon la mezcla en una ☐ con una cucharada de aceite.
- Deja cuajar la mezcla, primero por un lado, y luego por el otro.
- Para ☐ a la tortilla coloca un plato sobre la sartén y gírala con decisión.

Gramática

Dar instrucciones y órdenes

- Imperativo
  Corta las patatas.
  Echa sal a los huevos.

- Infinitivo
  Mezclar los huevos y las patatas en un recipiente.
  Echar la mezcla en la sartén.

Pista 59

14 Escucha el siguiente programa de radio en el que se da la receta para hacer guacamole. Ordena las fotos según las instrucciones.

      (1)

15 Mira las fotografías y escribe las instrucciones para preparar un gazpacho.

- Ingredientes
- Forma de preparación
- Tiempo de preparación
- Dificultad

En contexto — BLOQUE III — unidad 9

16 Lee la siguiente receta y contesta a las preguntas.

HUEVOS RELLENOS

Ingredientes:
8 huevos
Aceite
Sal
Mayonesa
1 lata de atún
1 cucharadita de tomate frito

Preparación:
Para los huevos:
Cocer los huevos durante 15 minutos en un cazo. Retirar del fuego y dejar enfriar. Pelar los huevos y cortar por la mitad. Retirar la yema.

Para el relleno:
Mezclar en un bol cuatro cucharadas de mayonesa, una lata de atún y una cucharadita de tomate. Añadir también la yema de los huevos y mover todo hasta formar una masa.

Rellenar los huevos con la mezcla y servir en un plato.

EL TRUCO
Para decorar, podemos poner encima de los huevos media aceituna, un poco de pimiento, perejil, etc.

a) ¿Has probado alguna vez este plato?
b) ¿Cuál es el ingrediente principal de esta receta?
c) ¿Cuánto tiempo necesitamos aproximadamente?
d) ¿Te parece fácil o difícil? ¿Por qué?
e) ¿Cuándo podrías hacer este plato?
f) ¿Qué otras recetas puedes hacer con huevos?
g) ¿Con qué otras cosas puedes decorar los huevos?

17 Inventa una receta con los siguientes ingredientes. ¡No olvides el truco!

Nombre: _____

Ingredientes:
- 1 huevo
- 1 cebolla
- 1 loncha de queso
- 1 rebanada de pan
- 100 gramos de carne picada

Forma de preparación:
_____
_____
_____
_____
_____
_____

18 Escucha el diálogo entre tres amigos y señala la respuesta correcta.

pista 60

a) ¿Cómo se llama el restaurante?
☐ La dorada
☐ La sirena
☐ La góndola

b) ¿Qué tipo de comida sirven?
☐ Marisco
☐ Pescado y marisco
☐ Pizza

c) ¿Qué dicen de la carta estos amigos?
☐ Que es cara
☐ Que es variada
☐ Que es tradicional

d) ¿Cuál es el plato estrella?
☐ La dorada
☐ La parrillada de pescado
☐ La mariscada

e) ¿Cómo lo cocinan?
☐ Al horno y a la brasa
☐ A la sal y al horno
☐ Al horno, a la sal y a la brasa

f) El día de la inauguración...
☐ La comida será gratis
☐ Habrá regalos
☐ Habrá dos por uno

19 ¿Sabes cómo se llaman estos postres? Haz una lista con los ingredientes que necesitas para prepararlos.

 1
 2
 3
 4
 5

Gastronomía

Profesionales

20 **Lee el siguiente texto y contesta a las preguntas.**

Hola, soy Ramiro Angulo y trabajo como chef, pero soy un chef un poco particular porque no trabajo en una cocina, sino en muchas. Hace unos años, no tenía dinero para abrir un restaurante así que decidí ofrecer mis servicios a domicilio. Nosotros ponemos los ingredientes y los utensilios y los clientes nos dejan su cocina para prepararlos. Algunas cosas también las llevamos listas para comer.

Yo soy cocinero, pero también empresario y organizador. Siempre me acompañan camareros que se encargan de servir la comida. Cuando contratan nuestros servicios, los clientes eligen los alimentos que quieren tomar y nosotros les proponemos un menú. Si no les gusta, lo variamos. Nos gusta escuchar sus sugerencias. La verdad es que las posibilidades son muchas: aperitivos, cenas ligeras, comidas de empresa, meriendas, etc.

RAMIDA

¿Cansado de cocinar?

¿Estás en casa o en la oficina? ¿Organizas una fiesta? ¿No tienes tiempo ni ganas de preparar nada?

CHEF A DOMICILIO

Contrata tu catering

Nosotros ponemos el arte y tú la cocina

a) ¿En qué trabaja Ramiro? ¿En qué consiste su empresa?
b) ¿Qué hace él en su empresa?
c) ¿Por qué decidió trabajar a domicilio? ¿Te parece una buena iniciativa?
d) ¿Trabaja solo?
e) ¿Cómo se deciden los menús?
f) ¿Qué pone Ramiro y qué pone el cliente para realizar un servicio?
g) ¿Para qué situaciones ofrecen sus servicios?

Y tú…
¿Eres un buen cocinero?
¿Te gusta cocinar?
¿Qué platos sabes preparar?
¿Cuál es tu especialidad?
¿Qué platos te gustaría saber cocinar?

21 **Observa las respuestas de Ramiro y escribe las preguntas que le hace el periodista.**

- Entrevistador: _____
- Ramiro: La empresa se llama Ramida. La palabra es una combinación de Ramiro y comida.
- E: _____
- R: Normalmente somos tres personas, pero a veces necesitamos más camareros.
- E: _____
- R: Sí, funciona muy bien. Al principio fue difícil pero después empezamos a funcionar bien.
- E: _____
- R: Pues sí, tenemos bastantes clientes. Hay gente que nos contrata para una ocasión especial pero también tenemos clientes fijos.

- E: _____
- R: Trabajamos generalmente en Barcelona, pero también nos desplazamos a los pueblos y lugares cercanos.
- E: _____
- R: Depende de la comida que quieran los clientes, pero aproximadamente un servicio puede costar entre 20 y 50 euros por persona.
- E: _____
- R: De todo, comida y bebida. Servimos la cena y llevamos vino, refrescos, cerveza, etc. ¡También cócteles!
- E: _____
- R: Sí, sí. Nosotros también nos encargamos de recoger y limpiar todo. El cliente no tiene que hacer nada.

22 **Escucha a este otro chef. Escribe las ventajas y desventajas de su trabajo.**

Pista 61

Ventajas	Desventajas

118 • Ciento dieciocho

Atención al cliente

unidad 9

23 **Ramiro habla con el cliente y toma nota de lo que quiere para el catering.**

El cliente siempre tiene la razón

Cliente: Buenas tardes. ¿Es usted Ramiro Angulo, de catering Ramida?
Ramiro: Sí, dígame. ¿En qué puedo ayudarle?
Cliente: Quería contratar un servicio de catering para el próximo fin de semana, para el sábado por la noche.
Ramiro: Voy a consultar la agenda. Para el sábado… sí, es posible. ¿Para cuantas personas?
Cliente: Vamos a ser veinte adultos y cinco niños. En total, veinticinco.
Ramiro: ¿Y ha pensado algo para el catering? ¿Quiere una cena ligera o algo más elaborado?
Cliente: Quiero algo informal. Vamos a celebrar el cumpleaños de mi mujer con la familia.
Ramiro: Muy bien. Podemos poner unos canapés fríos para empezar, croquetas variadas, un poco de salmón ahumado, un poco de jamón, unas brochetas de pescado y marisco, etc.

Cliente: ¿Y de carne?
Ramiro: Si, podemos poner una carne fría rellena y unos pinchos morunos.
Cliente: Perfecto. Me parece una idea estupenda.
Ramiro: ¿Y de bebida? ¿Qué le parece un poco de vino tinto, vino blanco, refrescos, limonada y agua?
Cliente: Genial. Y un poco de sangría, que a mi mujer le encanta.
Ramiro: ¿Para los niños quiere algo especial?
Cliente: Pues podría traer alguna tortilla de patata y unos sándwiches de jamón y queso.
Ramiro: Falta el postre. Le sugiero unos pasteles, unas copas con macedonia de frutas, y por supuesto, una tarta.
Cliente: Sí, una tarta tres chocolates. Es la favorita de mi mujer. ¿Sería posible también servir unos combinados después de la cena?
Ramiro: Ningún problema. Hacemos unos combinados muy originales. Con alcohol y sin alcohol.
Cliente: Estupendo. Y un poco de cava para brindar.
Ramiro: Muy bien. Creo que está todo claro.
Cliente: Sí, pues esta semana le vuelvo a llamar para ponernos de acuerdo en la hora y para decirle la dirección.

 ¡Te toca! Con tu compañero/a, inventa un diálogo similar al anterior. Vas a celebrar una reunión de excompañeros/as de la universidad y quieres contratar una comida con primer, segundo plato y postre. Llama a una agencia de catering para que prepare el servicio.

LA TAREA

¿Cocinamos? En grupos, vais a elaborar una comida y explicar las recetas de los diferentes platos.

1 Haced una lista de los primeros y segundos platos y postres más típicos de España y Sudamérica.

2 Entre los platos anteriores, elegid un primero, un segundo y un postre y elaborad un menú.

3 Pensad en los ingredientes que vais a necesitar para elaborar vuestro menú. Haced una lista también de los utensilios.

4 ¿Qué hay qué hacer con esos ingredientes? Elaborad la receta para cada uno de los platos.

5 Explicad a la clase cómo es vuestro menú y cómo son las recetas de los platos.

Ciento diecinueve • 119

Gramática

1 EL PRETÉRITO INDEFINIDO

- El *pretérito indefinido*, también llamado pretérito perfecto simple, se usa con mucha frecuencia en español, especialmente en algunos países latinoamericanos o en regiones de la geografía española como Asturias o Galicia en las que solo se utiliza esta forma para referirse al pasado (pretérito indefinido) y no la del pretérito perfecto compuesto.

Esta mañana he desayunado un café.

Esta mañana desayuné un café.

- Para formar el pretérito indefinido tomamos la raíz del verbo y añadimos las terminaciones de pretérito indefinido. Estas terminaciones varían entre la primera conjugación (verbos en –AR) y la segunda y tercera (verbos en –ER y en –IR).

	-AR	-ER	-IR
Yo	Trabaj-**é**	Com-**í**	Viv-**í**
Tú	Trabaj-**aste**	Com-**iste**	Viv-**iste**
Él / ella / usted	Trabaj-**ó**	Com-**ió**	Viv-**ió**
Nosotros/as	Trabaj-**amos**	Com-**imos**	Viv-**imos**
Vosotros/as	Trabaj-**asteis**	Com-**isteis**	Viv-**isteis**
Ellos / ellas / ustedes	Trabaj-**aron**	Com-**ieron**	Viv-**ieron**

- Verbos irregulares en pretérito indefinido.

	Estar	Hacer	Ser
Yo	Estuve	Hice	Fui
Tú	Estuviste	Hiciste	Fuiste
Él / ella / usted	Estuvo	Hizo	Fue
Nosotros/as	Estuvimos	Hicimos	Fuimos
Vosotros/as	Estuvisteis	Hicisteis	Fuisteis
Ellos / ellas / ustedes	Estuvieron	Hicieron	Fueron

	Poder	Ir	Decir
Yo	Pude	Fui	Dije
Tú	Pudiste	Fuiste	Dijiste
Él / ella / usted	Pudo	Fue	Dijo
Nosotros/as	Pudimos	Fuimos	Dijimos
Vosotros/as	Pudisteis	Fuisteis	Dijisteis
Ellos / ellas / ustedes	Pudieron	Fueron	Dijeron

	Tener	Venir	Poner
Yo	Tuve	Vine	Puse
Tú	Tuviste	Viniste	Pusiste
Él / ella / usted	Tuvo	Vino	Puso
Nosotros/as	Tuvimos	Vinimos	Pusimos
Vosotros/as	Tuvisteis	Vinisteis	Pusisteis
Ellos / ellas / ustedes	Tuvieron	Vinieron	Pusieron

	Querer	Pedir	Traer
Yo	Quise	Pedí	Traje
Tú	Quisiste	Pediste	Trajiste
Él / ella / usted	Quiso	Pidió	Trajo
Nosotros/as	Quisimos	Pedimos	Trajimos
Vosotros/as	Quisisteis	Pedisteis	Trajisteis
Ellos / ellas / ustedes	Quisieron	Pidieron	Trajeron

- Los verbos que son irregulares en indefinido tienen una **raíz irregular**. Y unas **terminaciones especiales**. El verbo **pedir** tiene además irregularidades vocálicas en la tercera persona del singular y del plural y la **–e** de la raíz se convierte en una **–i**. Otros verbos como pedir son **preferir, sentir** o **elegir**.

	Preferir	Sentir	Elegir
Yo	Preferí	Sentí	Elegí
Tú	Preferiste	Sentiste	Elegiste
Él / ella / usted	Prefirió	Sintió	Eligió
Nosotros/as	Preferimos	Sentimos	Elegimos
Vosotros/as	Preferisteis	Sentisteis	Elegisteis
Ellos / ellas / ustedes	Prefirieron	Sintieron	Eligieron

- Observa que *ir* y *ser* tienen la misma forma en el tiempo indefinido.

GRAMÁTICA

- Hay que tener en cuenta también algunos cambios ortográficos en las primeras personas.
- Verbos terminados en –gar.

    llegar ⇨ *llegué*   **apagar** ⇨ *apagué*   **jugar** ⇨ *jugué*

- Verbos terminados en –car.

    aparcar ⇨ *aparqué*   **sacar** ⇨ *saqué*

- Verbos terminados en –zar.

    empezar ⇨ *empecé*   **comenzar** ⇨ *comencé*

Debes saber...

- El pretérito indefinido se usa cuando queremos hablar de una acción puntual pasada y acabada.

    Ayer *desayuné* unas tostadas con mermelada.

- Se utiliza en las biografías para enumerar hechos pasados para narrar.

    Cristóbal Colón *descubrió* América, *vivió* en … y *murió* en …

- El pretérito indefinido utiliza marcadores de pasado como **ayer, anteayer, la semana / año / mes… pasado, en + fecha concreta, hace + cantidad de tiempo no breve,** etc.

    Hace dos años viajé a Roma.   Anteayer tomé una comida buenísima.

2 DIFERENCIAS ENTRE EL PRETÉRITO PERFECTO Y EL *PRETÉRITO INDEFINIDO*

- A veces resulta un poco difícil diferenciar entre el pretérito perfecto (he cantado) y el pretérito indefinido (canté). Por eso, los marcadores temporales pueden ayudarnos. Te mostramos algunas diferencias.

ACCIÓN PASADA + REFERENCIA AL PRESENTE	ACCIÓN PASADA + REFERENCIA AL PASADO
Esta mañana *he ido* a clase.	**Ayer *fui* a clase.**
PRETÉRITO PERFECTO	**PRETÉRITO INDEFINIDO**
• Las acciones que expresa el pretérito perfecto están cercanas al presente. La distancia con respecto al presente nos la indican los marcadores temporales. **Este verano *he ido* a la playa con mi familia.** • Siempre que tengamos los marcadores temporales: **ya, todavía, aún,** utilizaremos el pretérito perfecto. **Ya *he visto* la película de Almodóvar.** • Se prefiere utilizar el pretérito perfecto en preguntas o informaciones intemporales. **¿*Has estado* alguna vez en América?**	• Existe una separación total entre el presente del que habla y la acción. **El verano pasado *fui* a la playa con mi familia.** **El mes pasado *estuve* de viaje por Latinoamerica.** **El viernes pasado *perdí* el avión.**

BLOQUE 3

3 LAS PREPOSICIONES *POR* Y *PARA*

- Usos de *por* y *para*:

POR

Se usa para:

1) Expresar una causa por la que hacemos algo:
   Voy a Roma por trabajo.

   CAUSA ·····▶ ACCIÓN

2) Hablar del autor de algo (complemento agente):
   La película está dirigida por Almodóvar.

3) Hablar de una dirección, lugar que se atraviesa:
   ¿Este tren pasa por Santander?

   ································●················▶
   Santander

4) Indicar partes del día:
   Por la mañana trabajo mejor.

5) Expresar "en el lugar de":
   Habla por ti, no por nosotros.

PARA

Se usa para:

1) Expresar una finalidad por lo que hacemos algo:
   Voy a Madrid para estudiar español.

   ACCIÓN ·····▶ OBJETIVO

2) Dirigirse a un destinatario (complemento indirecto):
   Este ramo de flores es para Carmen.

3) Hablar de una dirección a un lugar, de un destino:
   ¿Este tren va para Santander? (=hacia)

   ································▶
   ● Santander

4) Indicar límite de tiempo:
   Necesito este trabajo para el lunes.

5) Expresar opinión:
   Para mí, la película es muy interesante.

6) Expresar utilidad:
   El lavaplatos sirve para limpiar los platos.

4 LOS INDEFINIDOS: ADJETIVOS Y PRONOMBRES

- Los *indefinidos* se utilizan para expresar una cantidad imprecisa. Pueden ser adjetivos o pronombres.

- **EL ADJETIVO INDEFINIDO**

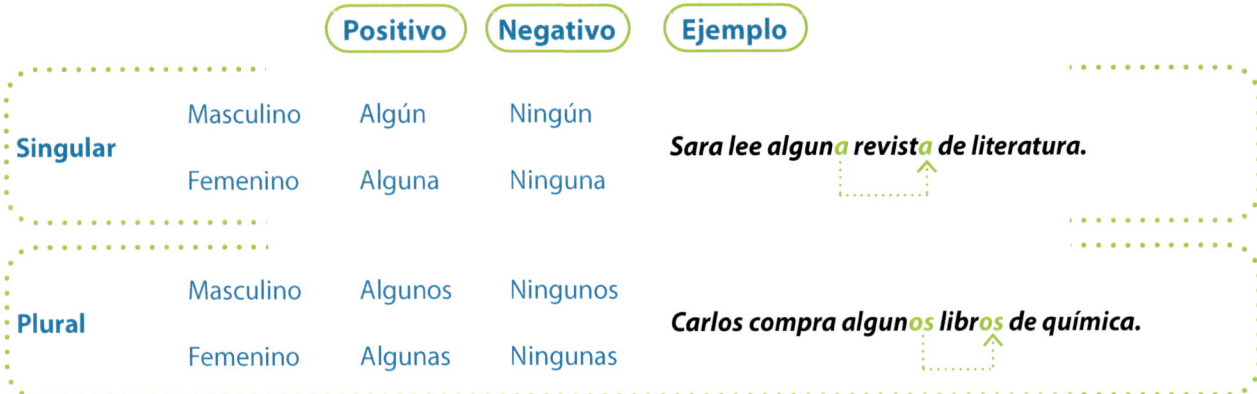

Ciento veintitrés • **123**

Gramática

- **EL PRONOMBRE INDEFINIDO**
- Los pronombres indefinidos pueden ser variables o invariables.

Variables

		Positivo	Negativo	Ejemplo
Singular	Masculino	Algún	Ningún	*Sara lee alguna. (revista)*
	Femenino	Alguna	Ninguna	
Plural	Masculino	Algunos	Ningunos	*Carlos compra algunos. (libros)*
	Femenino	Algunas	Ningunas	

Invariables

	Positivo	Negativo	Ejemplo
Cosas	Algo	Nada	*¿Tienes un caramelo o algo de comer? No, no tengo nada.*
Personas	Alguien	Nadie	*¿Conoces a alguien en la sala? No, no conozco a nadie.*

Debes saber...

- **Algún/o/a/os/as** hace referencia a uno o varios objetos de un conjunto, sin especificar claramente el número. Su contrario, **ningún/o/a/os/as,** se refiere a la inexistencia de algo en un conjunto.

- Tanto adjetivos como pronombres variables deben concordar en género y número con el nombre al que acompañan o sustituyen.

    –¿Sueles coger normalmente el avión?
    –No, nunca cojo ninguno. (ningún avión)

- Los pronombres indefinidos invariables funcionan tanto para masculino como para femenino, singular y plural. Sirven para hablar de personas o cosas sin especificar de qué tipo de persona o cosa hablamos.

    Ayer no vino nadie. (no se dice quién)

    No quiero tomar nada. (no se dice qué)

BLOQUE 3

- En español utilizamos la doble negación. Por eso, cuando los adjetivos y pronombres negativos **ningún / ninguno/a/os/as, nada** y **nadie** aparecen detrás del verbo, el verbo se precede del adverbio negativo **no**.

$$\text{Sujeto + no + verbo + indefinido + (sustantivo)}$$

Ningún libro le interesa a Carmen.
A Carmen no le interesa ningún libro.

Nada le gusta a David.
A David no le gusta nada.

Nadie conoce su apellido.
Su apellido no lo conoce nadie.

5 LAS PREPOSICIONES: *A, EN, DE / DESDE… A / HASTA*

Usos de la preposición A

- **Horas:**
  Termino las clases a las dos y media.

- **Complemento directo de persona:**
  Veo a menudo a tu jefe en el Hotel Palau.

- **Objetivo / Finalidad / Complemento indirecto:**
  Voy a comprar algunos recuerdos de la ciudad.
  Voy a comprar una maleta a Alejandro.

- **Expresiones de longitud = la distancia:**
  El hotel está a 20 km del aeropuerto.

Usos de la preposición EN

- **Medios de trasporte:**
  Siempre voy a Madrid en avión o en tren.

- **Tiempo o localización:**
  Voy a Santander en Marzo.
  Estoy en casa.

Usos de la preposición DE

- **Posesión:**
  Este periódico es de un cliente.

- **Material:**
  La alfombra es de lana.

- **Momento del día al decir las horas:**
  Siempre me despierta a las cinco de la mañana.

- **Modo:**
  Mi jefe está de buen humor.

Usos de la preposición DESDE

- **Origen en el tiempo y en el espacio:**
  Veo la plaza desde el balcón de mi habitación.
  Trabajo en esta agencia desde 1989.

Ciento veinticinco • 125

GRAMÁTICA

Usos de las preposiciones DE... A, DESDE... HASTA

Se utiliza para expresar:

- **Delimitar un espacio de tiempo:**

  Trabajo desde las nueve hasta las dos.

  Trabajo de nueve a dos.

- **Delimitar un espacio o longitud:**

  El tren va de (desde) Madrid a (hasta) Toledo.

6 PRETÉRITO IMPERFECTO

- *El pretérito imperfecto* es un tiempo de pasado que se utiliza sobre todo para la descripción. Presenta hechos que no están terminados en el momento del pasado en el que nos situamos.
- Para formar el *pretérito imperfecto* debemos tomar la raíz del verbo y añadir las siguientes terminaciones.

	VERBOS EN -AR	VERBOS EN -ER/IR	
Yo	Compr*aba*	Com*ía*	Viv*ía*
Tú	Compr*abas*	Com*ías*	Viv*ías*
Él / ella / usted	Compr*aba*	Com*ía*	Viv*ía*
Nosotros/as	Compr*ábamos*	Com*íamos*	Viv*íamos*
Vosotros/as	Compr*abais*	Com*íais*	Viv*íais*
Ellos / ellas / ustedes	Compr*aban*	Com*ían*	Viv*ían*

- Existen también formas irregulares:

	Ir	Ver	Ser
Yo	Iba	Veía	Era
Tú	Ibas	Veías	Eras
Él / ella / usted	Iba	Veía	Era
Nosotros/as	Íbamos	Veíamos	Éramos
Vosotros/as	Ibais	Veíais	Erais
Ellos/ellas/ustedes	Iban	Veían	Eran

126 • Ciento veintiséis

DEBES SABER...

- El imperfecto se utiliza para describir lugares, personas y cosas en el pasado.

    El hotel era grande. Tenía doscientas habitaciones.

    El recepcionista era muy amable.

    La cafetería estaba en la primera planta.

- Con el imperfecto hacemos referencia a acciones habituales en el pasado.

    Antes viajaba mucho en coche. Ahora prefiero el avión.

- Con el pretérito imperfecto aludimos también a acciones en desarrollo en un momento del pasado.

    Los clientes esperaban la comida mientras el camarero la preparaba.

7 DIFERENCIAS ENTRE EL PRETÉRITO IMPERFECTO Y EL PRETÉRITO INDEFINIDO

- El *imperfecto* y el *indefinido* son tiempos del pasado que tienen usos diferentes. Cuando aparecen juntos, el *indefinido* nos presenta acciones puntuales y el *imperfecto* nos señala el contexto o situación de la acción.

    Fuimos a un lugar muy bonito que tenía muchos árboles y un lago.

    Comimos un pescado al horno que estaba muy bueno.

- El imperfecto puede expresar también la causa de la acción que se expresa en indefinido.

    No salieron de viaje porque no tenían coche.

    Juan comió mucho porque tenía hambre.

- En ocasiones, el imperfecto y el indefinido son intercambiables en una misma frase pero el significado varía.

    Cuando salía del restaurante, me llamaron por teléfono. (En ese momento estaba saliendo del restaurante, la acción no estaba finalizada.)

    Cuando salí del restaurante, me llamaron por teléfono. (Ya estaba fuera del restaurante, la acción estaba finalizada.)

8 EL IMPERATIVO AFIRMATIVO

- Formación del *Imperativo Afirmativo*.

	-AR	-ER	-IR
Tú	Trabaj-**a**	Com-**e**	Viv-**e**
Usted	Trabaj-**e**	Com-**a**	Viv-**a**
Vosotros/as	Trabaj-**ad**	Com-**ed**	Viv-**id**
Ustedes	Trabaj-**en**	Com-**an**	Viv-**an**

Gramática

- El *imperativo* solo tiene dos formas personales propias, la segunda persona del singular y la segunda persona del plural.
- La segunda persona del singular es igual que la tercera persona del singular del presente de indicativo.
- La segunda persona del plural se forma cambiando la –r del infinitivo por una –d.

reservar ⇨ trabajad   servir ⇨ servid

- Existen también formas irregulares, de dos tipos.
    - Mismas irregularidades que en el presente de indicativo

	Cerrar	Volver	Pedir
Tú	Cierra	Vuelve	Pide
Usted	Cierre	Vuelva	Pida
Vosotros/as	Cerrad	Volved	Pedid
Ustedes	Cierren	Vuelvan	Pidan

  - Irregulares en su primera persona

	Hacer	Irse	Poner	Salir
Tú	Haz	Vete	Pon	Sal
Usted	Haga	Váyase	Ponga	Salga
Vosotros/as	Haced	Idos	Poned	Salid
Ustedes	Hagan	Váyanse	Pongan	Salgan

- Cuando el *imperativo positivo* se utiliza con pronombres, estos se sitúan detrás del verbo y forman una sola palabra con él.

(Imperativo + pronombres personales)

Pronombre reflexivo   Pronombre de objeto directo   Pronombres (reflexivo + objeto directo)
Levánta*te*   **Cómpra*lo***   **Pón*telo***

Debes saber…

- El *imperativo* se utiliza para dar órdenes (generalmente acompañado de "por favor"), instrucciones y consejos.

    Carlos, mira a qué hora sale el tren, por favor.

    Para ir a la oficina, sigue todo recto hasta el ayuntamiento y luego gira a la izquierda.

- Hacer peticiones y conceder permiso.

    –María, déjame las llaves del coche, por favor.
    –Sí, claro, cógelas.

- Para dar órdenes e instrucciones también podemos utilizar el *infinitivo* y la perífrasis *tener que + infinitivo*.

    Para llegar al centro, tienes que seguir todo recto.

    Cocinar en el horno durante media hora y servir caliente.

9 EL FUTURO

- En español existen diferentes formas de expresar el tiempo *futuro*.

    Mañana vamos a salir a cenar. ⇨ **ir a + infinitivo**

    Esta noche empiezo mis vacaciones. ⇨ **presente de indicativo**

    El próximo verano viajaremos a China. ⇨ **futuro**

- Para formar el *futuro* debemos tomar el *infinitivo* y añadir las terminaciones correspondientes.

	VERBOS EN -AR	**VERBOS EN -ER**	**VERBOS EN -IR**
Yo	Viajaré	Comeré	Serviré
Tú	Viajarás	Comerás	Servirás
Él / ella / usted	Viajará	Comerá	Servirá
Nosotros/as	Viajaremos	Comeremos	Serviremos
Vosotros/as	Viajaréis	Comeréis	Serviréis
Ellos / ellas / ustedes	Viajarán	Comerán	Servirán

- Existen también formas irregulares.

	Decir	**Hacer**	**Querer**
Yo	Diré	Haré	Querré
Tú	Dirás	Harás	Querrás
Él / ella / usted	Dirá	Hará	Querrá
Nosotros/as	Diremos	Haremos	Querremos
Vosotros/as	Diréis	Haréis	Querréis
Ellos / ellas / ustedes	Dirán	Harán	Querrán

	Haber	**Poder**	**Saber**
Yo	Habré	Podré	Sabré
Tú	Habrás	Podrás	Sabrás
Él / ella / usted	Habrá	Podrá	Sabrá
Nosotros/as	Habremos	Podremos	Sabremos
Vosotros/as	Habréis	Podréis	Sabréis
Ellos / ellas / ustedes	Habrán	Podrán	Sabrán

GRAMÁTICA

	Tener	Poner	Venir	Salir
Yo	Tendré	Pondré	Vendré	Saldré
Tú	Tendrás	Pondrás	Vendrás	Saldrás
Él / ella / usted	Tendrá	Pondrá	Vendrá	Saldrá
Nosotros/as	Tendremos	Pondremos	Vendremos	Saldremos
Vosotros/as	Tendréis	Pondréis	Vendréis	Saldréis
Ellos / ellas / ustedes	Tendrán	Pondrán	Vendán	Saldrán

Debes saber...

- Utilizamos el *futuro* para hablar y predecir un tiempo que sucederá de forma posterior al momento presente.

    El jueves que viene conoceremos al nuevo chef.

    Las próximas vacaciones saldremos al extranjero.

- Algunos de los marcadores temporales que podemos utilizar son **mañana, pasado mañana, el próximo día / mes / año, el día / mes / año que viene,** etc.

10 LAS ORACIONES CONDICIONALES

- Es importante tener en cuenta que en español existen las oraciones condicionales y el tiempo verbal condicional. Aunque ambos se llaman de la misma manera, solo las oraciones expresan una condición y suelen ir acompañados de la partícula *si*.

- Las oraciones condicionales tienen dos partes: la oración subordinada condicional, que lleva el *si*, y la oración principal. Las dos están separadas por una coma, si la oración condicional va en primera posición. La condicional expresa una condición de la que depende la realización de lo dicho en la oración principal.

    Si tienes alguna duda,   *habla con la azafata*
    ORACIÓN CONDICIONAL   ORACIÓN PRINCIPAL

- Normalmente, la oración condicional va en primera posición, pero también puede ir al final.

    Habla con la azafata   *si tienes alguna duda*
    ORACIÓN PRINCIPAL   ORACIÓN CONDICIONAL

- Hay varios tipos de oraciones condicionales según el grado de la probabilidad de la condición establecida. Cada una tiene tiempos verbales diferentes y van desde lo más real y posible a lo más hipotético. Estudiaremos, por tanto, las más sencillas, las condicionales del tipo I.

- **ORACIONES CONDICIONALES TIPO I**
- Se caracterizan por llevar en la oración subordinada el verbo en presente de lindicativo y en la principal el verbo en presente de indicativo, en imperativo o en futuro.

> **SI + PRESENTE DE INDICATIVO + PRESENTE / IMPERATIVO / FUTURO**

Si puedes, reserva la habitación.

Si tienes hambre, come un bocadillo.

Si tengo dinero, iré a París.

11. PORQUE, CUANDO, PARA

- **Porque** sirve para explicar la causa o razón de algo.

Viajo mucho en tren porque es muy cómodo.

Recuerda que cuando queremos preguntar por la causa de algo lo escribimos separado.

–¿Por qué estás tan cansado?
–Porque he hecho mucho ejercicio.

- **Cuando** sirve para expresar el tiempo en el que sucede una acción

Cuando era pequeño, vivía en Madrid.

Cuando me levanto, me ducho y desayuno.

- Con **para** hablamos de la finalidad. Después de *para* utilizamos el *infinitivo*.

Cogí el tren para llegar más rápido.

Para estar delgado hay que llevar una vida activa.

Repaso

1 **Completa las frases con las palabras del recuadro.**

a) Para nuestro viaje, hemos contratado un _____ turístico.
b) Este verano viajamos a la _____ del sur de España. Queremos ir a la playa.
c) Los pasajeros esperan en el _____ la llegada del tren.
d) Podemos _____ el coche en el aparcamiento del restaurante.
e) Este _____ recorre todas las islas del Mediterráneo.
f) El _____ nos ha informado de que el avión va a despegar.
g) Al llegar al aeropuerto de Madrid, puedes coger un _____ al centro.
h) El _____ es un medio de transporte barato y rápido.

- andén
- costa
- taxi
- crucero
- aparcar
- metro
- piloto
- guía

2 **Trabajas en la recepción de un hotel y un cliente te pide cambiar moneda. Escucha el diálogo y completa.**

Pista 62

Cliente: Buenos días. ¿Me puede cambiar _____ a euros?
Cajero: Sí, claro. ¿Cuánto quiere cambiar?
Cliente: Unos _____ dólares. ¿Es posible?
Cajero: Sí, sí, podemos cambiar hasta un máximo de 500 euros.
Cliente: ¿Cuál es el _____?
Cajero: Un dólar es 1,234 euros.
Cliente: De acuerdo. Entonces cambiaré _____ dólares.
Cajero: ¿Me permite su _____?
Cliente: Claro, tome.
Cajero: Muy bien, aquí tiene sus euros.
Cliente: Perdone, no lo entiendo. Me ha dado mal el cambio. Faltan cinco euros.
Cajero: No, está bien. El cambio tiene una _____ de cinco euros.
Cliente: Vale, de acuerdo. Gracias.

3 **Lee el siguiente texto y completa con los verbos del recuadro en presente o indefinido.**

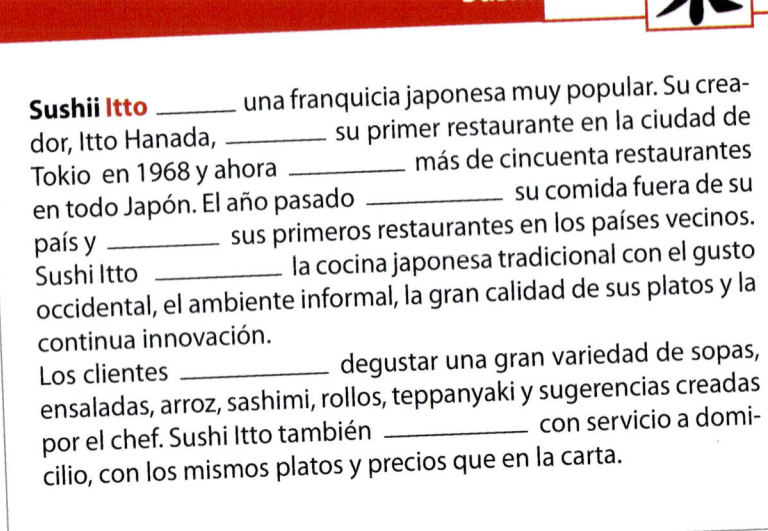

Sushii Itto _____ una franquicia japonesa muy popular. Su creador, Itto Hanada, _____ su primer restaurante en la ciudad de Tokio en 1968 y ahora _____ más de cincuenta restaurantes en todo Japón. El año pasado _____ su comida fuera de su país y _____ sus primeros restaurantes en los países vecinos.
Sushi Itto _____ la cocina japonesa tradicional con el gusto occidental, el ambiente informal, la gran calidad de sus platos y la continua innovación.
Los clientes _____ degustar una gran variedad de sopas, ensaladas, arroz, sashimi, rollos, teppanyaki y sugerencias creadas por el chef. Sushi Itto también _____ con servicio a domicilio, con los mismos platos y precios que en la carta.

- inaugurar
- abrir
- tener
- mezclar
- ser
- llevar
- contar
- poder

BLOQUE 3

4 Escucha las tres rutas turísticas. Empareja las fotos con esas rutas y escribe el nombre debajo.

1 _____   2 _____   3 _____

5 Mira la foto e imagina el viaje. Escribe la ruta.

Si cree que lo ha visto todo en este planeta, pruebe nuestro…

¡Tour intergaláctico!

Duración:
Salida:
1º día
2º día
3º día

6 Completa las siguientes frases con *por* o *para*.

a) Venimos a este restaurante _____ la comida.
b) El cuchillo sirve _____ cortar la carne.
c) Este restaurante está dirigido _____ un chef muy importante.
d) Este crucero pasa _____ muchas islas de Grecia.
e) _____ la noche, siempre cenamos en casa.
f) _____ mí, es muy importante viajar y conocer otros países.
g) Este pastel es _____ celebrar el cumpleaños de tu hermana.
h) Los clientes se quejaron _____ las instalaciones del hotel.
i) Este autobús va _____ el norte.
j) ¿Podría cambiar las patatas de la guarnición _____ verdura?
k) Las mesas tienen que estar preparadas _____ las diez.

Ciento treinta y tres • 133

Repaso

7 Haz una factura a este cliente sumando los gastos que ves a continuación.

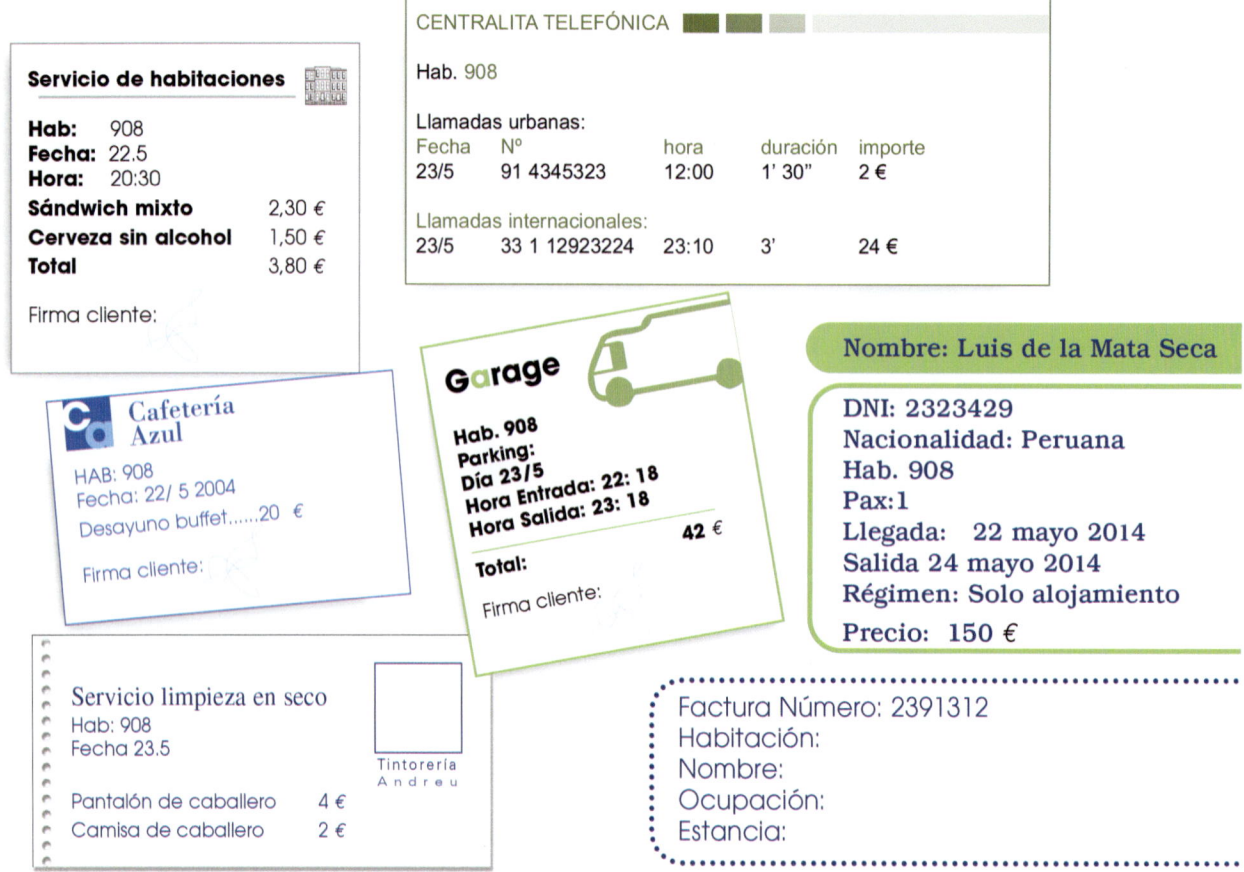

8 Lee el siguiente texto y completa los espacios con el pretérito perfecto o el pretérito indefinido.

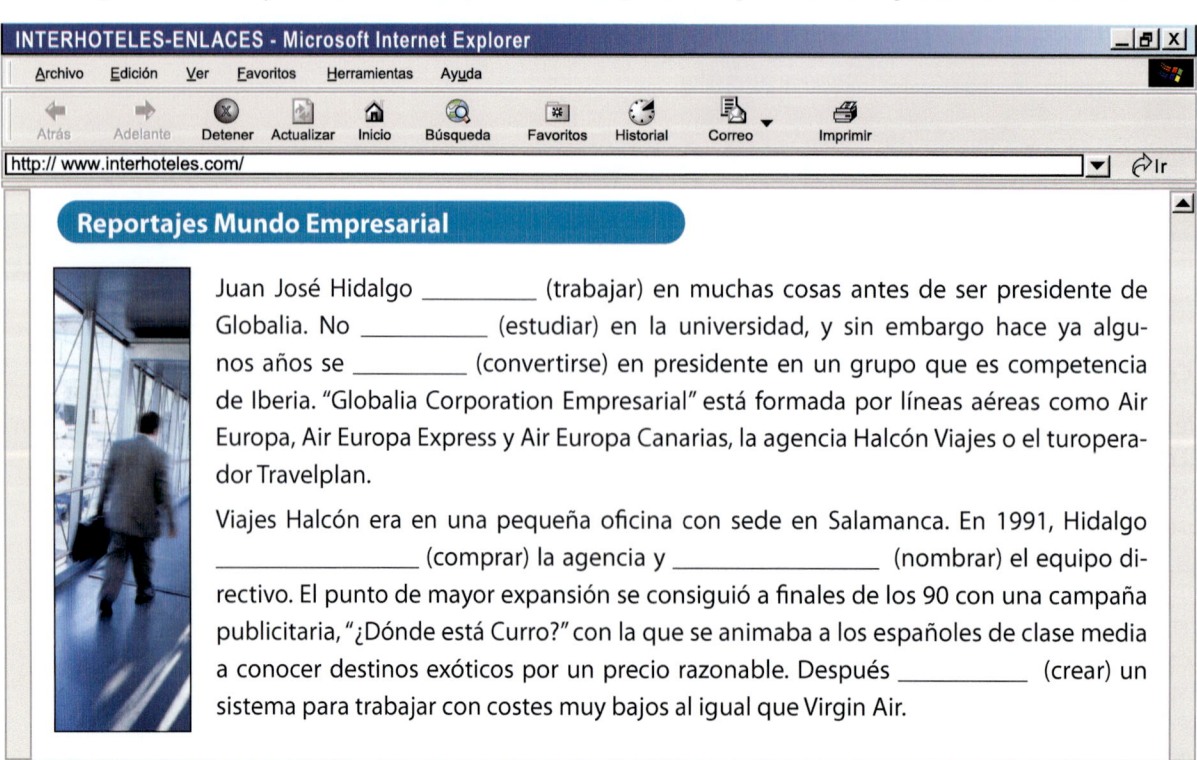

Reportajes Mundo Empresarial

Juan José Hidalgo _____ (trabajar) en muchas cosas antes de ser presidente de Globalia. No _____ (estudiar) en la universidad, y sin embargo hace ya algunos años se _____ (convertirse) en presidente en un grupo que es competencia de Iberia. "Globalia Corporation Empresarial" está formada por líneas aéreas como Air Europa, Air Europa Express y Air Europa Canarias, la agencia Halcón Viajes o el turoperador Travelplan.

Viajes Halcón era en una pequeña oficina con sede en Salamanca. En 1991, Hidalgo _____ (comprar) la agencia y _____ (nombrar) el equipo directivo. El punto de mayor expansión se consiguió a finales de los 90 con una campaña publicitaria, "¿Dónde está Curro?" con la que se animaba a los españoles de clase media a conocer destinos exóticos por un precio razonable. Después _____ (crear) un sistema para trabajar con costes muy bajos al igual que Virgin Air.

BLOQUE 3

9 Elige a uno de estos dos personajes y escribe un texto similar al anterior contando su historia.

Ángela Pérez
Directora de *Naturvida*, empresa dedicada a la distribución de productos ecológicos

Roberto Sanz
Director manager de *Prinprin*, empresa dedicada a las artes gráficas y el diseño

10 Une con una flecha la queja con su correspondiente disculpa.

1. No funciona la televisión.
2. Llevo media hora esperando el desayuno en la habitación.
3. No tengo mando a distancia para la televisión.
4. Acabo de regresar a mi habitación y he visto que no me han cambiado las toallas.
5. Camarero, esta sopa está helada.
6. Se han equivocado en la factura. Yo no he tomado nada del mini-bar.

a. Lo siento señor. La llevo ahora mismo a la cocina para que la calienten.
b. Discúlpenos, señora. Ahora mismo le digo a un botones que le lleve uno.
c. Lo siento señora. Ahora le mando un técnico.
d. Le pido mil disculpas. Voy a averiguar qué ha pasado y le envío inmediatamente un camarero con su desayuno.
e. Disculpe señor, pero si no las deja en el suelo no se las cambian. Ahora le envío toallas nuevas.
f. Lamentamos el error. Ahora mismo quitamos esa cantidad de su cuenta.

11 Eres el director del Hotel *El Barraco*. Has tenido algunas quejas por la falta de servicios anunciados en un folleto publicitario. Escribe una carta a cada uno de los clientes, da explicaciones y di por qué ha pasado este incidente.

Semana del 19 de junio

Nombre	hab.	Queja	Causa
Julián Alonso	12	baño compartido	El baño de la habitación está averiado y el fontanero aún no ha venido.
Ana López	5	ruidos por la noche	Hay ocho habitaciones ocupadas por estudiantes ruidosos.
Ester Muller	2	piscina cerrada	Avería de la depuradora. En reparación.

12 Completa las siguientes frases con las preposiciones a / en / de / desde / a / hasta.

a. Generalmente viajamos _____ tren. El avión no nos gusta.
b. El museo está abierto _____ las 9:00 _____ las 20:00.
c. Esta tarta es _____ chocolate y bizcocho.
d. Pregunta _____ la azafata si sirven bebidas _____ el avión.
e. _____ julio abrirán el nuevo restaurante asiático.
f. Esta agencia de viajes es _____ un amigo mío. Puede hacerte buenas ofertas.
g. Voy _____ reservar ya el vuelo _____ Italia. Si espero mucho, es más caro.
h. La oficina de turismo está _____ doscientos metros de aquí.

Ciento treinta y cinco • **135**

Repaso

- Estamos _____ la playa tomando el sol. Estaremos aquí _____ la hora de comer.
- Hemos visto _____ María. Ha estado _____ China de viaje y está muy contenta.
- Nuestro horario de atención al cliente es _____ 10 _____ 14.
- Estos documentos son _____ mi hermano. Mira el nombre del pasaporte.

Pista 64

13 Escucha el audio y ordena las fotos de la receta del gazpacho

1. *f*
2. ___
3. ___
4. ___
5. ___
6. ___
7. ___
8. ___
9. ___

14 María recuerda sus vacaciones. Mira las fotos que tomó y explica su rutina en esos días.

ej.: *María desayunaba todos los días a las 9h en el bufé del hotel. Había…*

BLOQUE 3

15 Señala con una cruz la palabra que no se corresponde con las demás y explica por qué.

1	batidora X	cafetera	microondas	sartén	La "batidora" no calienta.
2	loncha	rodaja	colador	rebanada	
3	pelar	cortar	servir	picar	
4	fuente	gramo	kilo	litro	
5	jarra	botella	vaso	plato	
6	sartén	embudo	parrilla	olla	
7	flan	marisco	tarta	macedonia	
8	menú	merienda	aperitivo	cena	

16 Mira la ilustración y completa los espacios con alguna de las palabras siguientes. Después escucha el audio y comprueba las soluciones.

Pista 65

nada — poco — bastante — ninguna — mucho — todo — alguna — más

Cliente: Perdone, ¿nos puede traer otra botella de vino?
Camarero: Sí, señor, ¿quieren también agua?
Cliente: No, gracias.
Camarero: ¿Quieren los señores _____ cosa _____?
Cliente: No, gracias, no nos hace falta. Por el momento tenemos _____ comida y bebida.
Niño: Papá, yo quiero _____ patatas fritas.
Cliente: No, no has comido la carne.
Niño: Pero papá, las patatas fritas me encantan.
Cliente: No quiero oír _____ queja. Has comido _____ lo que has querido y más. ¡Ya está bien!

17 Alba escribe un email a sus amigos para contarles sus vacaciones en Ibiza. Escucha el audio y completa los espacios. Después, justifica el uso de los tiempos verbales.

Pista 66

Asunto: Vacaciones	Destinatarios: apg@mailesp.es; juanjt@mailito.com
¡Hola chicos! Acabo de llegar de mis vacaciones en Ibiza. ¡Es muy bonita! _____ muchos lugares y he ido a muchas playas preciosas. _____ de viaje el martes pasado y _____ cinco días, hasta hoy. En Ibiza puedes hacer muchas cosas. _____ muchas atracciones turísticas y mucho ambiente. También era ideal para practicar deportes acuáticos. Un día _____ submarinismo. Por la mañana _____ a las calas, cada día a una diferente. Me llevaba un bocadillo y _____ allí mismo. Por la tarde volvía al hotel a descansar un rato y después _____ a conocer los paisajes de la isla. Por la noche, normalmente me _____ en el hotel pero también _____ un par de noches para conocer los bares y los sitios de marcha. Ayer _____ un barco y fui a pasar el día a la isla de Formentera. Es muy bonita también, pero prefiero Ibiza. La comida está buenísima. _____ todos los platos típicos. Y la gente muy amable. Ya os contaré… Un beso, Alba	

Repaso

18 Rellena estas oraciones condicionales con el verbo entre paréntesis en su forma correcta.

1
Si *(yo terminar)* termino pronto de trabajar, *(yo ir)* _____ al cine contigo.

2
Me *(yo alojarse)* _____ en una suite si *(tu)* me *(invitar)* _____.

3
Si este año *(hacer)* _____ buen tiempo, seguro que *(venir)* _____ más turistas a la costa.

19 Observa las siguientes fotos y escribe las instrucciones para la receta de la ensalada de frutas. Después, transforma los *infinitivos* en *imperativos*.

1. Utilizar dos manzanas, una naranja, ...

2 _____

3 _____

4 _____

5 _____

6 _____

20 El complejo hotelero. Juega con tu compañero/a. Tira los dados y avanza hasta la casilla de piscina. El primero que llegue, gana.

Instrucciones

1. Por turnos. Tira el dado y avanza el número de casillas que indique.

2. Responde a la pregunta que encuentres en la casilla en la que caigas. Si aciertas puedes continuar avanzando.

3. Si no eres capaz de contestar correctamente, quédate en la casilla y pasa el turno a tu compañero/a.

4. Presta atención a las casillas con la imagen del pastel. Si caes en una de ellas avanzas directamente hasta la siguiente con la misma imagen.

5. Cuidado con la casilla de la habitación oscura. Si caes en ella debes permanecer un turno sin jugar.

6. Presta atención a la casilla de la suite presidencial. Si caes en ella adelantas dos casillas.

BLOQUE 3

1. ¡Salida!
2. Deletrea el apellido de tu compañero.
3. ¿En qué piso está la habitación 690?
4. ¿Qué significa I.V.A?
5. Di cómo se hace una ensalada de frutas.
6. Habitación oscura: un turno sin jugar.
7. Suite presidencial: adelantas dos casillas.
8. Pastel. De pastel a pastel y tiras porque estás en el hotel.
9. Contesta a este cliente: No tengo agua en la habitación.
10. Habitación oscura: un turno sin jugar.
11. Di la receta de un plato típico de tu país.
12. Suite presidencial: adelantas dos casillas.
13. Describe este hotel...
14. Completa la frase: "El hotel Ritz es... que el hostal Quo"
15. Sales de la ducha. Para secarte necesitas una...
16. Vas a dejar el hotel. Vas a recepción y pides la...
17. Pastel. De pastel a pastel y tiras porque estás en el hotel.
18. Habitación oscura. Retrocede una casilla.
19. Eres un cliente que te quejas de tu habitación ruidosa.
20. Piscina...

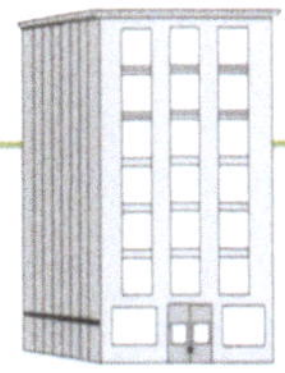

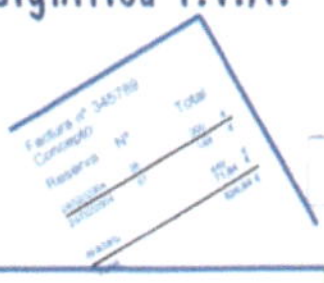

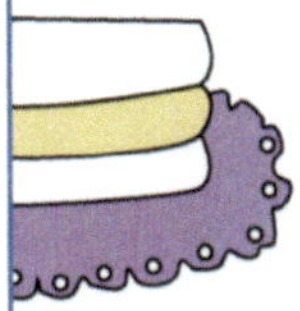

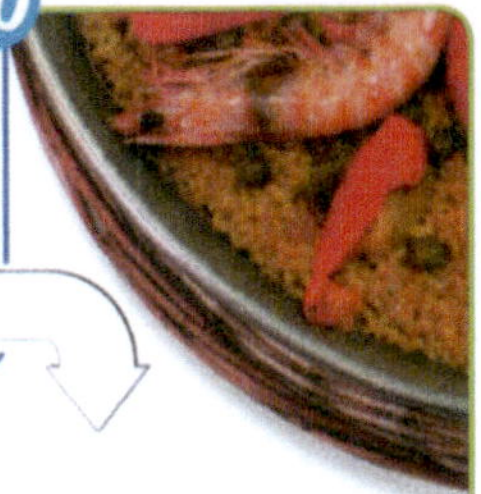

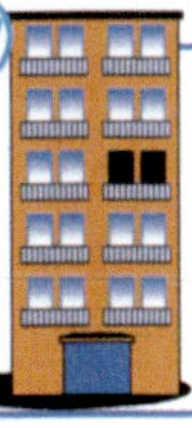

¡Llegada!

Bienvenidos de nuevo

El español en el mundo

El español es lengua oficial en 21 países y, según el último anuario del Instituto Cervantes de 2022, más de 495 millones de personas lo tienen como lengua materna. Es la segunda lengua materna del mundo por número de hablantes, tras el chino mandarín.

LÉXICO

Al terminar de estudiar cada unidad, busca las palabras nuevas que has aprendido y escribe su traducción.

¡Buen viaje! _____
¡Es verdad! _____
¡Que aproveche! _____
¡Qué bonito! _____
¡Qué desastre! _____
¡Qué despiste! _____
¡Qué disgusto! _____
¡Qué pena! _____
¡Qué susto! _____
¡Vaya! _____
¿A cuánto sale…? _____
¿A qué hora…? _____
¿Aceptan tarjetas de crédito? _____
¿Algo más? _____
¿Cómo…? _____
¿Cómo es? _____
¿Cómo te llamas / se llama? _____
¿Cuál…? _____
¿Cuándo…? _____
¿Cuánto cuesta la habitación? _____
¿Cuánto…? _____
¿De parte de quién? _____
¿Desean algo de comer? _____
¿Dónde…? _____
¿Dónde está? _____
¿En qué piso? _____
¿En qué puedo ayudarle? _____
¿Está permitido…? _____
¿Hay por aquí…? _____
¿Les interesa? _____
¿Me podría decir…? _____
¿Me puede poner con…? _____
¿Me trae…? _____
¿Puede decirme…? _____
¿Qué desea? _____
¿Qué hora es? _____
¿Qué le debo? _____
¿Qué le pongo? _____
¿Qué lleva este plato? _____
¿Qué quiere? _____
¿Qué va a tomar? _____
¿Qué…? _____
¿Quién…? _____
¿Quiere otra cosa? _____
¿Quiere que le deje un mensaje? _____
¿Sabe dónde hay…? _____
¿Te gustaría…? _____
¿Tiene una reserva? _____
¿Tienen libro de reclamaciones? _____
¿Verdad? _____

A

A domicilio _____
A excepción _____

A la brasa _____
A la plancha _____
A la romana _____
A la sal _____
A nombre de _____
A tiempo _____
A usted _____
A ver… _____
Abajo _____
Abierto/a _____
Abonar _____
Abrigo, el _____
Abril _____
Abrocharse _____
Abuelo/a, el / la _____
Acceder _____
Acceso, el _____
Aceite, el _____
Aceituna negra, la _____
Aceituna, la _____
Acogedor/a _____
Acompañar _____
Acordarse _____
Acreditación, la _____
Acreditado/a _____
Actividad, la _____
Actualidad, la _____
Adaptarse _____
Adecuado/a _____
Adiós, el _____
Admitir _____
Adobado/a _____
Aduana, la _____
Adulto/a _____
Aéreo/a _____
Aeropuerto, el _____
Aforo, el _____
Afortunadamente _____
Afueras, las _____
Agencia, la _____
Agente, el / la _____
Agosto _____
Agradable _____
Agrupar _____
Agua mineral, el _____
Agua, el _____
Ahora mismo _____
Ahorrar _____
Aire acondicionado, el _____
Aire libre, el _____
Aislado/a _____
Al _____
Al horno _____
Al lado _____
Al portador _____
Ala, el _____

Ciento cuarenta y uno • **141**

Bienvenidos de nuevo

Alcaparras, las ___
Alcohol, el ___
Alegría, la ___
Alemán / alemana ___
Alguno/a ___
Alimento, el ___
Aliñar ___
Alioli, el ___
Alitas de pollo, las ___
Almohada, la ___
Almuerzo, el ___
Alojamiento, el ___
Alojarse ___
Alquilar ___
Alquiler, el ___
Alrededores, los ___
Altitud, la ___
Alto/a ___
Amable ___
Amarillo/a ___
Ambiente, el ___
Amigo/a ___
Amplio/a ___
Anciano/a ___
Andaluz/a ___
Andar ___
Andén, el ___
Animador/a, el / la ___
Animal, el ___
Aniversario, el ___
Antelación, la ___
Anterior ___
Anticipación, la ___
Antigüedad, la ___
Anual ___
Anulación, la ___
Anular ___
Anuncio, el ___
Añadir ___
Año, el ___
Aparcacoches, el ___
Aparcar ___
Aparte ___
Apellido, el ___
Aperitivo, el ___
Apertura, la ___
Aplauso, el ___
Aprovechar ___
Aquí ___
Árabe ___
Árbol, el ___
Argentino/a ___
Aro, el ___
Arriba ___
Arroz negro, el ___
Arroz, el ___
Artista, el / la ___
Artístico/a ___

Asado/a ___
Ascensor, el ___
Aseo, el ___
Asiento, el ___
Asistir ___
Asturiano/a ___
Atención al cliente, la ___
Atención telefónica, la ___
Atención, la ___
Atender ___
Atender llamadas ___
Atento/a ___
Aterrizar ___
Atractivo/a ___
Atún, el ___
Audio, el ___
Aumentar ___
Autobús, el ___
Autopista, la ___
Auxiliar de vuelo, el / la ___
Ave, el ___
Aventura, la ___
Averiguar ___
Avión, el ___
Avisar ___
Ayudar ___
Ayuntamiento, el ___
Azafata, la ___
Azúcar, el ___

B

Bacalao, el ___
Bacón, el ___
Bailar ___
Baja, la ___
Bajo coste, el ___
Banco, el ___
Banda magnética, la ___
Bandeja, la ___
Bandera, la ___
Banquete, el ___
Baño, el ___
Bar, el ___
Barato/a ___
Barca, la ___
Barco pesquero, el ___
Barco, el ___
Barra libre, la ___
Barra, la ___
Barrio, el ___
Base, la ___
Batido, el ___
Batidora, la ___
Batir ___
Bautizo, el ___
Beber ___

Léxico

Bebida, la
Beicon, el
Belleza, la
Berenjena, la
Besugo, el
Bicicleta, la
Bien
Billete, el
Bizcocho, el
Bocadillo, el
Boda, la
Bogavante, el
Bol, el
Bollería, la
Bollo, el
Bolsa de plástico, la
Bolso de mano, el
Bombón, el
Bonito, el
Bonito/a
Bono, el
Boquerones en vinagre, los
Botella, la
Botellín, el
Botones, el
Brie, el
Brindar
Brindis, el
Británico/a
Brocheta, la
Buena presencia, la
Buenas noches
Buenas tardes
Buenos días
Buey, el
Bufé libre, el
Bufet, el
Buscar
Butaca, la

C

Caber
¿Cómo está cocinado?
Cabina, la
Cadena hotelera, la
Caducar
Caerse
Café con leche, el
Café cortado, el
Café descafeinado, el
Café solo, el
Café, el
Cafetera, la
Cafetería, la
Caja fuerte, la
Caja, la

Cajero/a, el / la
Calamar, el
Calefacción, la
Caliente
Calle principal, la
Calle, la
Cama de matrimonio, la
Cama individual, la
Cama supletoria, la
Cama, la
Camarero/a, el / la
Camarero/a de planta, el / la
Cambiar
Cambio de fechas, el
Cambio, el
Camello, el
Campo de golf, el
Canapé, el
Cancelado/a
Caña, la
Cañón de proyección, el
Capacidad, la
Carbonara, la
Cargarlo en la habitación
Carne, la
Caro/a
Carpaccio, el
Carretera, la
Carrito, el
Carta, la
Casado/a
Casarse
Casco histórico, el
Casero/a
Casilla, la
Castillo, el
Catálogo, el
Catarata, la
Categoría, la
Catering, el
Cava, el
Cazo, el
Cebolla, la
Celebración, la
Celebrar
Cena, la
Cenar
Centímetro, el
Centralita, la
Centro de fitness, el
Centro de la ciudad, el
Centro de negocios, el
Centro, el
Cerca
Cercano/a
Cerdo, el
Cereales, los
Cerveza, la

Ciento cuarenta y tres • 143

Bienvenidos de nuevo

Champán, el _____
Champiñón, el _____
Chef, el _____
Cheque, el _____
Chino/a _____
Chipirón, el _____
Chocolate, el _____
Chorizo, el _____
Chuleta, la _____
Chuletilla, la _____
Chuletón, el _____
Churros, los _____
Cifra, la _____
Cinta de lomo, la _____
Cinta, la _____
Cinturón, el _____
Cita, la _____
Ciudad, la _____
Claro/a _____
Clase preferente, la _____
Clase turista, la _____
Clase, la _____
Cliente fijo, el _____
Cliente, el _____
Cocer _____
Coche, el _____
Cocido, el _____
Cocina, la _____
Cocina mediterránea, la _____
Cocinar _____
Cocinero/a, el / la _____
Cóctel, el _____
Código postal, el _____
Coger un tren _____
Cola, la _____
Colador, el _____
Colocar _____
Color, el _____
Combinación, la _____
Combinar _____
Comentario, el _____
Comenzar _____
Comer _____
Comida casera, la _____
Comida, la _____
Cómoda, la _____
Cómodo/a _____
Compañero/a, el / la _____
Compañía, la _____
Comparar _____
Compensación, la _____
Completo/a _____
Complicado/a _____
Comprar _____
Compuesto/a _____
Comunicar _____
Comunicativo/a _____
Comunidad Autónoma, la _____

Comunión, la _____
Con _____
Con decisión _____
Con gas _____
Condiciones laborales, las _____
Conducir _____
Conectarse a internet _____
Conexión, la _____
Conferencia, la _____
Confirmación, la _____
Confirmar _____
Congreso, el _____
Conmemorativo/a _____
Conocer _____
Conocido/a _____
Conocimiento, el _____
Consejo, el (no de aconsejar) _____
Conserjería, la _____
Consigna, la _____
Consistir _____
Construcción, la _____
Consultar _____
Contento/a _____
Contestar _____
Continente, el _____
Contratar _____
Control de identidad, el _____
Control de seguridad, la _____
Controlador/a aéreo, el / la _____
Controlar _____
Convento, el _____
Convite, el _____
Coordinar _____
Copa de vino, la _____
Corazón, el _____
Cordero, el _____
Correcto/a _____
Correr a cargo del cliente _____
Corresponderse _____
Cortar _____
Cortina, la _____
Corto/a _____
Cosa, la _____
Cosmopolita _____
Costa, la _____
Costar _____
Coste adicional, el _____
Coste, el _____
Costumbre, la _____
Creación, la _____
Crear _____
Creativo/a _____
Creer _____
Crema, la _____
Creo que sí _____
Cristiano/a _____
Croquetas, las _____
Cruasán, el _____

Léxico

Crucero, el _____
Crudo/a _____
Crupier, el / la _____
Cuadro, el _____
Cuajar _____
Cualidad, la _____
Cualquier/a _____
Cuarto, el _____
Cucharadita, la _____
Cucharilla, la _____
Cuchillo, el _____
Cuenta, la _____
Cuestión, la _____
Cuestionario de satisfacción, el _____
Cuidado, el _____
Cuidar _____
Culpa, la _____
Cultural _____
Cumpleaños, el _____

D

Danés / danesa _____
Dar importancia _____
Dato, el _____
De _____
De diseño _____
De frente _____
De primero _____
De segundo _____
Debajo _____
Decepcionar _____
Decidir _____
Décimo/a _____
Decir _____
Decisión, la _____
Decorar _____
Degustar _____
Dejar _____
Dejar un depósito _____
Delante _____
Deletrear _____
Delicia, la _____
Denominación de origen, la _____
Dependiente, el _____
Deporte, el _____
Depósito _____
Derecha, la _____
Desaparecer _____
Desayunar _____
Desayuno completo, el _____
Desayuno continental, el _____
Desayuno, el _____
Descansar _____
Describir _____
Descripción, la _____
Descubrir _____

Descuento, el _____
Desde _____
Desear _____
Deseo, el _____
Desierto, el _____
Despedirse _____
Despegar _____
Destino, el _____
Desventaja, la _____
Detallado/a _____
Detalle, el _____
Detector de metales, el _____
Detrás _____
Devolver _____
Diálogo, el _____
Dibujo, el _____
Diciembre _____
Diente, el _____
Diga / dígame _____
Dimensiones, las _____
Dinero, el _____
Dirección, la _____
Director/a, el / la _____
Dirigido/a _____
Discoteca, la _____
Disculpa, la _____
Disculpe _____
Disculpen las molestias _____
Discusión, la _____
Diseñar _____
Disfrutar _____
Disponer _____
Disponibilidad, la _____
Disponible _____
Divertido/a _____
Divertirse _____
Divisa, la _____
DNI, el _____
Documentación, la _____
Dólar, el _____
Domingo, el _____
Dorada, la _____
Dos _____
Dos por uno _____
Dotado/a _____
Ducha, la _____
Duda, la _____
Dulce _____
Dulce de leche, el _____
Duración, la _____
Durante _____
Dvd, el _____

E

Echar _____
Ecológico/a _____

Ciento cuarenta y cinco • **145**

Bienvenidos de nuevo

Económico/a _____
Edificio histórico, el _____
Edificio, el _____
Efectivo/a, el / la _____
Ejecutivo/a, el / la _____
El hotel está completo _____
El / la / los / las _____
Elaborado/a _____
Elegir _____
Embarcar _____
Embarque, el _____
Embudo, el _____
Empanado/a _____
Emparejar _____
Empezar _____
Emplatar _____
Empresario/a, el / la _____
En _____
En directo _____
En frente _____
En salsa _____
Encanto, el _____
Encargado/a, el / la _____
Encargarse _____
Encima _____
Encontrar _____
Enero _____
Enfadado/a _____
Enfriar _____
Enlace, el _____
Enología, la _____
Ensaimada, la _____
Ensalada, la _____
Ensaladilla rusa, la _____
Enseguida _____
Enseñar _____
Entender _____
Entrada, la _____
Entrecot, el _____
Entremeses, los _____
Envase, el _____
Equipaje especial, el _____
Equipaje, el _____
Equipo, el _____
Equivocado/a _____
Equivocarse _____
Error, el _____
Escala, la _____
Escribir _____
Escuchar _____
Escurrir _____
Espacio, el _____
Español/a _____
Especial _____
Especialidad, la _____
Especialmente _____
Espejo, el _____
Esperar _____

Esposo/a, el / la _____
Esquí, el _____
Está completo _____
Establecido/a _____
Estación de metro _____
Estación, la _____
Estadounidense _____
Estancia, la _____
Estar _____
Estar a dieta _____
Estar de pie _____
Este / esta / estos / estas _____
Estofado/a _____
Estricto/a _____
Estudios, los _____
Estupendo/a _____
Evento, el _____
Evitar _____
Excursión, la _____
Exhibición, la _____
Existencia, la _____
Expectativas, las _____
Expedido/a _____
Experiencia, la _____
Experto/a, el / la _____
Explicar _____
Expresar _____
Extender un cheque _____
Exterior _____
Extra, el _____
Extranjero/a _____
Extraño/a _____
Extraordinario/a _____

F

Fabada, la _____
Fácil _____
Factura, la _____
Facturación, la _____
Facturar _____
Faltar _____
Familia, la _____
Familiar _____
Famoso/a _____
Febrero _____
Fecha de nacimiento, la _____
Fecha, la _____
Femenino/a _____
Ferry, el _____
Festivo/a _____
Fiarse _____
Fidelidad, la _____
Fiesta, la _____
Filete, el _____
Filosofía, la _____
Fin de semana, el _____

Léxico

Fin, el _____
Firmar _____
Flan, el _____
Flexible _____
Flor, la _____
Foie, el _____
Folleto, el _____
Formal _____
Formular _____
Foto, la _____
Francés / francesa _____
Frasco de perfume, el _____
Frase, la _____
Frecuencia, la _____
Freír _____
Fresa, la _____
Fresco/a _____
Frio, el _____
Frío/a _____
Frito/a _____
Fruta, la _____
Fuego, el _____
Fuente, la _____
Fumador/a _____
Función, la _____
Funcionar _____
Fusionado/a _____
Futuro, el _____

G

Gallego/a _____
Gamba, la _____
Gambón, el _____
Garbanzo, el _____
Gas, el _____
Gasto, el _____
Gastronomía, la _____
Gazpacho, el _____
General _____
Gente, la _____
Gimnasio, el _____
Girar _____
Gire a la derecha _____
Gire a la izquierda _____
Gobernante / Gobernanta _____
Góndola, la _____
Gorra, la _____
Gracias _____
Grande _____
Gratuito/a _____
Grave _____
Grupo, el _____
Guapo/a _____
Guardería, la _____
Guarnición, la _____
Guía, el / la _____
Guía, la _____

Guitarra, la _____
Gustar _____
Gusto, el _____

H

Habilitar _____
Habitación doble de uso individual, la _____
Habitación doble, la _____
Habitación estándar, la _____
Habitación triple, la _____
Habitación, la _____
Habitante, el / la _____
Habitual _____
Hablar _____
Hace frío _____
Hacer _____
Hacer cola _____
Hacer deporte _____
Hacer ejercicio _____
Hacer falta _____
Hacer frío _____
Hacer las maletas _____
Hacer planes _____
Hacer recomendaciones _____
Hacer referencia _____
Hacerse cargo _____
Hasta _____
Hasta luego _____
Hasta pronto _____
Hay _____
Hay que _____
Helado, el _____
Helicóptero, el _____
Hielo, el _____
Higo, el _____
Hijo, el _____
Hispano/a _____
Histórico/a _____
Hoja de reclamaciones, la _____
Hoja, la _____
Hola _____
Holandés / holandesa _____
Holograma, el _____
Hombre, el _____
Hora Libre, la _____
Hora, la _____
Horario, el _____
Horno, el _____
Horrible _____
Hotel, el _____
Huerta, la _____
Huésped, el / la _____
Huevo hilado, el _____
Huevo ranchero, el _____
Huevo revuelto, el _____
Huevo, el _____

Ciento cuarenta y siete • **147**

Bienvenidos de nuevo

I

Ibérico/a
Ideal
Idioma, el
Iglesia, la
Imagen, la
Imaginar
Imperativo, el
Importancia, la
Importante
Imprescindible
Improvisar
Inadmisible
Inauguración, la
Incidente, el
Incluido/a
Incluir
Incluso
Incompetente
Incorporación, la
Increíble
Indeterminado/a
Indicación, la
Indicar
Indio/a
Infierno, el
Información, la
Informar
Informático/a
Infusión, la
Ingrediente, el
Iniciativa, la
Insomnio, el
Instalaciones, las
Instrumento, el
Intentar
Interesar
Interior
Internacional
Internet, el
Invitación, la
Invitado/a
Ir
Ir de vacaciones
Irlandés / irlandesa
Isla, la
Italiano/a
Itinerario, el
Izquierda, la

J

Jamón, el
Jamón cocido, el
Jamón ibérico, el
Jarra, la

Jeep, el
Judía, la
Judío/a
Jueves, el
Jugar a las cartas
Jugo, el
Julio
Junio
Justo

K

Kilo, el
Kilómetro, el

L

Labor, la
Lago, el
Lamentar
Lámpara, la
Langosta, la
Largo, el
Lata, la
Lavabo, el
Lavadora, la
Lavandería, la
Le pongo con…
Leche, la
Lechuga, la
Leer
Legumbre, la
Lejos
Lenguado, el
Lenteja, la
León, el
Libertad, la
Libre de impuestos
Libreta, la
Libro de reclamaciones, el
Licor, el
Líder, el / la
Ligero/a
Limón, el
Limonada, la
Limpieza, la
Limpieza de habitaciones, la
Limpieza en seco, la
Línea, la
Líquido, el
Litro, el
Llamar
Llamar por teléfono
Llave magnética, la
Llegada, la
Llegar

LÉXICO

Lleno/a _____
Llevar _____
Llevar retraso _____
Llover _____
Lluvia, la _____
Lo siento _____
Localización, la _____
Logotipo, el _____
Lomo, el _____
Loncha, la _____
Longitud, la _____
Lubina, la _____
Lugar de interés, el _____
Lugar, el _____
Lujo, el _____
Luminoso/a _____
Lunes, el _____

M

Macarrones, los _____
¿Me trae la carta? _____
Macedonia de frutas, la _____
Madre, la _____
Madrileño/a _____
Magdalena, la _____
Magnífico/a _____
Maître, el / la _____
Malentendido, el _____
Maleta, la _____
Manchego/a _____
Manicura, la _____
Manta, la _____
Mantel, el _____
Mantener _____
Mantenimiento, el _____
Mantequilla, la _____
Manzana, la _____
Maquillaje, el _____
Mar, el _____
Marcar _____
Marisco, el _____
Martes, el _____
Marzo _____
Masa, la _____
Masaje, el _____
Masculino/a _____
Mate, el _____
Máximo/a _____
Mayo _____
Mayonesa, la _____
Mayoría, la _____
Me llamo… _____
Media hora, la _____
Media pensión, la _____
Media, la _____

Medida, la _____
Medio, el _____
Medio de transporte, el _____
Mediodía, el _____
Medios audiovisuales, los _____
Mejicano _____
Mejor _____
Mensaje, el _____
Menú, el _____
Menú degustación, el _____
Menú del día, el _____
Merendar _____
Merienda, la _____
Merluza, la _____
Mermelada, la _____
Mesa, la _____
Mesilla de noche, la _____
Metro cuadrado, el _____
Metro, el _____
Mezcla, la _____
Mezclar _____
Mezquita, la _____
Micrófono, el _____
Microondas, el _____
Miembro, el _____
Mientras _____
Miércoles, el _____
Millón, el _____
Minibar, el _____
Minigolf, el _____
Minuto, el _____
Mío / mía / míos / mías _____
Misa, la _____
Moderno/a _____
Modificar _____
Momento, el _____
Moneda, la _____
Monitor, el _____
Montaña, la _____
Monumento, el _____
Mora, la _____
Morcilla, la _____
Mosca, la _____
Mostrador, el _____
Motivo, el _____
Moto, la _____
Motor, el _____
Móvil, el _____
Mozo/a _____
Mozzarela, la _____
Muchas gracias _____
Mucho _____
Mujer, la _____
Mundo, el _____
Música, la _____
Muslo de pollo, el _____
Muy _____

Ciento cuarenta y nueve • 149

Bienvenidos de nuevo

N

Nacional
Nacionalidad, la
Nadar
Naranja
Naranja, la
Natación, la
Natillas, las
Natural
Navegación, la
Navegar
Necesario/a
Necesitar
Negocio, el
Ningún / ninguna
Niño/a, el / la
Nivel del mar, el
No
No está permitido
No hay mesa libre
No hay problema
No lo sé
No pasa nada
No se preocupe
Noche, la
Nombre, el
Nominal
Noreste, el
Normalmente
Normativa, la
Norte, el
Noruego/a
Nos complace…
Noveno/a
Noviembre
Novio/a, el / la
Nuestro / nuestra / nuestros / nuestras
Nuevo/a
Número secreto, el
Número, el

O

Objeto metálico, el
Obligar
Obligatorio/a
Observación, la
Observar
Ocio, el
Octavo/a
Octubre
Ocurrir
Odiar
Oferta, la
Oficina de turismo, la
Oficina, la

Ofrecer
Oliva, la
Olla, la
Onceavo/a
Opcional
Operar
Opinar
Oporto, el
Orden, la
Ordenador portátil, el
Organizado/a
Organizar
Origen, el
Originalidad, la

P

Padre, el
Paella, la
Pagar
Pagar con tarjeta
Página, la
Pago, el
País, el
Palabra, la
Palacio, el
Palo de golf, la
Pan, el
Panel de control, el
Papel, el
Papel higiénico, el
Paquete, el
Para
Para llevar
Parada de metro, la
Parador, el
Paraguas, el
Pared, la
Pareja, la
Parking, el
Parque, el
Parque temático, el
Parrilla, la
Parrillada, la
Participar
Pasajero/a
Pasaporte, el
Pasar
Pasear
Pasillo, el
Pastel, el
Patata, la
Patatas fritas, las
Patines de hielo, los
Pechuga de pollo, la
Pedicura, la
Pedido, el

Léxico

Pedir
Pedir información
Pedir perdón
Peinado, el
Pelado/a
Pelar
Pelo, el
Peluquería, la
Pendientes, los
Pensión completa, la
Pequeño/a
Perder
Perdido
Perdiz, la
Perfecto/a
Periódico, el
Periodista, el / la
Permitir
Perro/a, el / la
Persona, la
Personal, el
Pertenencias, las
Pesa, la
Pesado/a
Pescado, el
Peseta, la
Peso, el
Petición, la
Picar
Pico, el
Pie, el
Piloto, el
Pimienta, la
Pimiento, el
Pin, el
Pinche de cocina, el / la
Pincho de tortilla, el
Pincho moruno, el
Pincho, el
Piña, la
Piscina cubierta, la
Piscina, la
Piso, el
Pista de tenis, la
Pista, la
Pisto, el
Pizca, la
Pizza, la
Plan, el
Planear un viaje
Planificado/a
Planta, la
Plato, el
Plato estrella, el
Plato hondo, el
Plato llano, el
Plato típico, el
Playa, la

Plus, el
Poco/a
Poco a poco
Poder
Pollo, el
Ponente, el / la
Poner la mesa
Poner una queja
Popular
Por
Por ejemplo
Por favor
Por qué
Por supuesto
Porque
Posibilidad, la
Posible
Postre, el
Practicar
Precio por noche, el
Precio por persona, el
Precio, el
Preferir
Prefijo, el
Pregunta, la
Preguntar
Premio, el
Prensa, la
Preocupación, la
Preocuparse
Pre-reserva, la
Presentación, la
Presentar
Presentarse
Presidente, el
Presupuesto, el
Previo/a
Previsto/a
Primero/a
Principal
Principio, el
Probar
Problema, el
Procedente
Productor
Programado/a
Prohibido/a
Prohibir
Prometer
Promoción, la
Propina, la
Propio/a
Proponer
Protección solar, la
Protesta, la
Protestar
Provocar
Publicidad, la

Ciento cincuenta y uno • 151

Bienvenidos de nuevo

Público, el _____
Puerro, el _____
Puerta, la _____
Puerto, el _____
Pues _____
Puesto, el _____
Pulpo, el _____
Pulpo a la gallega, el _____
Pulsera, la _____
Puntualidad, la _____

Q

Quedarse _____
Queja, la _____
Querer _____
Queso, el _____
Quincena, la _____
Quinto/a _____
Quisiera… _____
Quitarse _____
Quizá _____

R

Ración, la _____
Rapidez, la _____
Rascacielos, el _____
Rebanada, la _____
Rebozado/a _____
Recado, el _____
Recepción, la _____
Recepcionista, el / la _____
Receta médica, la _____
Receta, la _____
Recibir _____
Recibo, el _____
Recinto, el _____
Recipiente, el _____
Reclamación, la _____
Reclamar _____
Recoger _____
Recomendación, la _____
Recomendar _____
Recompensar _____
Recordar _____
Recreo, el _____
Rectangular _____
Recto/a _____
Recursos humanos, los _____
Redactar _____
Redondear _____
Redondo/a _____
Referencias, las _____
Reforma, la _____
Refresco, el _____

Régimen, el _____
Régimen de alojamiento, el _____
Región, la _____
Registro, el _____
Regular (verbo) _____
Relacionado/a _____
Relaciones públicas, el / la _____
Relaciones públicas, las _____
Relajarse _____
Relax, el _____
Religioso/a _____
Rellenar _____
Relleno, el _____
Relleno/a _____
Repartir _____
Repostería, la _____
Reproductor de DVD, el _____
Reserva natural, la _____
Reserva, la _____
Reservar _____
Residencia, la _____
Restaurante, el _____
Resultar _____
Retirar _____
Reunión, la _____
Reunirse _____
Revisor / revisora _____
Revuelto, el _____
Rey, el _____
Rico/a _____
Rincón, el _____
Riqueza, la _____
Ritmo de vida, el _____
Robo, el _____
Rodaja, la _____
Rojo/a _____
Romántico/a _____
Romper _____
Romperse una pierna _____
Ropa, la _____
Rueda de prensa, la _____
Ruido, el _____
Ruidoso/a _____
Rural _____
Ruta, la _____

S

Sábado, el _____
Sabor, el _____
Sacar _____
Sacarina, la _____
Sagrado/a _____
Sal, la _____
Sala de convenciones, la _____
Sala, la _____
Salado/a _____

Léxico

Salchicha, la
Salida, la
Salida de emergencia, la
Salir
Salmón ahumado, el
Salmón, el
Salmonete, el
Salón de banquetes, el
Salón de reuniones, el
Salón, el
Salsa, la
Saludar
Salvaje
Sándwich mixto, el
Sándwich, el
Sangría, la
Sardina, la
Sartén, la
Satisfacción, la
Satisfecho/a
Sauna, la
Se ruega
Secador de pelo, el
Secar
Seguir
Seguir recto
Segundo/a
Seguridad, la
Seguro de viaje, el
Seleccionar
Selva, la
Semana, la
Sencillo/a
Sentarse
Señalar
Señor, el
Señora, la
Señorita, la
Sepia, la
Septiembre
Séptimo/a
Ser
Servicio, el
Servicio de desayuno, el
Servicio de habitaciones, el
Servicio médico, el
Servilleta, la
Servir
Seta, la
Sexto/a
Sí
Sidra, la
Siesta, la
Significar
Siguiente
Silencioso/a
Silla, la
Silla de ruedas, la

Simple
Sirena, la
Sitio, el
Situación, la
Situado/a
Situar
Sol, el
Soler
Solicitar
Solomillo, el
Soltero/a
Solución, la
Solucionar
Sonido, el
Sopa, la
Sorpresa, la
Spa, el
Subir
Submarinismo, el
Sucio/a
Sueco/a
Sueldo, el
Suelo oceánico, el
Suficiente
Sugerencia, la
Sugerir
Suite nupcial, la
Superior
Suplemento, el
Surtido/a
Suspender

T

Tablón, el
Tapa, la
Taquilla, la
Tarea, la
Tarifa, la
Tarjeta, la
Tarjeta de crédito, la
Tarjeta de débito, la
Tarjeta de embarque, la
Tarta, la
Tasa, la
Taxi, el
Taza, la
Té, el
Tele, la
Teleférico, el
Telefonista, el / la
Teléfono, el
Televisión, la
Temporada alta, la
Temporada baja, la
Temporada media, la
Tener

Bienvenidos de nuevo

Tener ganas _____
Tener hambre _____
Tener lugar _____
Tener prisa _____
Tener que _____
Tener un coste _____
Tener una mesa reservada _____
Tercero/a _____
Terminal, la _____
Ternera, la _____
Terraza, la _____
Texto, el _____
Tiempo libre, el _____
Tienda de recuerdos, la _____
Tienda, la _____
Tierra, la (el lugar) _____
Típico/a _____
Tipo, el _____
Toalla, la _____
Todo _____
Tomar _____
Tomar nota _____
Tomar una copa _____
Tomate, el _____
Toque, el _____
Torre de control, la _____
Tortilla, la _____
Tortilla de patatas, la _____
Tostada, la _____
Tostadora, la _____
Total, el _____
Totalmente _____
Tour, el _____
Trabajar _____
Trabajo _____
Tradición, la _____
Tradicional _____
Traducción, la _____
Traer _____
Tráfico, el _____
Tranquilo/a _____
Transporte público, el _____
Transporte, el _____
Tranvía, el _____
Traslado, el _____
Trato, el _____
Tren, el _____
Tripulante, el / la _____
Trucha, la _____
Trufa, la _____
Tumbet, el _____
Turbulencia, la _____
Turismo, el _____
Turismo rural, el _____
Turismo urbano, el _____
Turista, el / la _____
Turístico/a _____
Turno, el _____
Tv satélite, la _____

U

Ubicado/a _____
Último/a _____
Un poquito _____
Un / una / unos / unas _____
Unirse _____
Uso, el _____
Utensilio, el _____
Utilizar _____

V

Vacaciones, las _____
Vagón, el _____
Vainilla, la _____
Valorado/a _____
Valorar un servicio _____
Variado/a _____
Variar _____
Varios/as _____
Vaso, el _____
Vegetación, la _____
Vegetariano/a _____
Velocidad, la _____
Venado, el _____
Venir _____
Ventaja, la _____
Ventana, la _____
Ventanal, el _____
Ventanilla, la _____
Ver _____
Ver una película _____
Verdura, la _____
Verificar _____
Viajar _____
Viajar por placer _____
Viajar por trabajo _____
Viaje integrado, el _____
Viajero/a _____
Vida nocturna, la _____
Vida social, la _____
Video, el _____
Viejo/a _____
Viernes, el _____
Vigilar _____
Vinagre, el _____
Vino, el _____
Vino blanco, el _____
Vino de la casa, el _____
Vino rosado, el _____
Vino tinto, el _____
Visionado, el _____
Visita guiada, la _____
Visitar _____
Visual _____
Volcán, el _____

LÉXICO

Volver _____
Vuelo, el _____
Vuelo chárter, el _____
Vuelo directo, el _____
Vuelta, la _____

W

WC / inodoro, el _____
Wifi, el _____
Windsurf, el _____

Y

Yema, la _____
Yogur, el _____

Z

Zanahoria, la _____
Zapatos, los _____
Zona, la _____
Zonas verdes, las _____
Zumo, el _____

Bienvenidos de nuevo

UNIDAD 1

Pista 1

- Buenos días, señor.
- Buenos días.
- ¿Puede dejarme su billete?
- A ver… este es mi billete.
- Vuelo IB746, Madrid-Frankfurt.
- Sí, eso es.
- Muy bien, su pasaporte, por favor.
- Aquí tiene.
- Muchas gracias. ¿Prefiere usted ventanilla o pasillo?
- Ventanilla, por favor.
- ¿Lleva usted equipaje?
- Sí, dos maletas y un bolso de mano.
- Esta es su tarjeta de embarque. Su asiento es el 2A. El embarque es a las 10:30 por la puerta D24.
- Muchas gracias.
- A usted. ¡Buen viaje!

Pista 2

1. Señor González, pasajero de Alitalia con destino Milán, preséntese en el mostrador número 7.
2. Iberia informa: el vuelo procedente de Bruselas aterrizará con un retraso de 40 minutos.
3. Por su propia seguridad, mantengan sus pertenencias vigiladas en todo momento.
4. Señores pasajeros: les recordamos que no está permitido fumar en todo el recinto del aeropuerto.
5. Por favor, embarquen por la puerta D58.
6. Última llamada para los pasajeros del vuelo Air France 839 con destino París.

Pista 3

Señores pasajeros, gracias por elegir este vuelo de la compañía Air Vuelos con destino a Madrid. Les habla Rosa López. Soy la azafata de este vuelo. Por motivos de seguridad, les informamos de que deben apagar sus dispositivos móviles durante todo el vuelo. Coloquen su equipaje de mano en los compartimentos superiores o debajo del asiento delantero, para dejar libres los pasillos y salidas de emergencia. Por favor, les rogamos que se abrochen los cinturones de seguridad, pongan el respaldo de sus asientos en posición vertical y la mesa plegada. Les recordamos que no está permitido fumar en el avión. Gracias por su atención y feliz vuelo.

Pista 4

Lo que más me gusta es viajar. Me gusta mucho hablar idiomas y conocer gente de todos los países, por eso el mundo de la aviación es ideal para mí. No tengo mucha experiencia, solo dos años, pero sé que me encanta.

Puedo viajar por todo el mundo; tengo mucho tiempo libre para descansar, ir al gimnasio y terminar mis estudios de Sociología. También gano bastante dinero para mi edad y no gasto mucho, ya que la comida y los hoteles los paga la compañía aérea.

Lo único malo es que los días que yo tengo libres no son normalmente los mismos que los de mis amigos y me resulta difícil ir de vacaciones con ellos o con mi familia. Por eso, normalmente, salgo con otras compañeras que son también azafatas, o con pilotos. Otra pequeña desventaja de mi profesión es el desajuste horario cuando hacemos vuelos internacionales. A veces ya no sabes si es de día, de noche o por la tarde; pero dicen que con el tiempo te acostumbras a todo.

UNIDAD 2

Pista 5

- Buenas tardes, señores.
- Hola, tenemos una reserva a nombre del señor Giménez.
- ¿Jiménez, con j?
- No, con G. Se escribe G-I-M-É-N-E-Z.
- Muchas gracias, señor. Aquí tengo su reserva. Una habitación doble con entrada hoy jueves y salida el domingo.
- Eso es. Son tres noches.
- ¿Prefieren los señores cama de matrimonio o dos camas individuales?
- Mejor cama de matrimonio.
- Tengo varias, ¿les gusta más una habitación exterior o interior?
- Normalmente preferimos las exteriores, pero en esta calle hay mucho tráfico. ¿Son ruidosas las habitaciones exteriores?
- No, señor, están muy bien aisladas.
- Bueno, pues entonces mejor una exterior.
- ¿Me permite un pasaporte o DNI?
- Aquí tiene el mío.
- ¿Puede firmar aquí, por favor?
- ¡Claro!
- Aquí tiene la llave magnética. Habitación 809, en el octavo piso. Ahora viene el botones para acompañarles a la habitación y ayudarles con el equipaje.

Pista 6

Hombre: Hola, cariño, ya he llegado al hotel.
Mujer: ¡Qué bien! ¿Y qué tal? ¿cómo es la habitación?
Hombre: Es bastante grande. Es una habitación doble con una cama de matrimonio. A los lados hay dos mesillas pequeñas que tienen una lámpara encima.
Mujer: Muy bien, así puedes leer por la noche. ¿Tiene mucha luz?
Hombre: Sí, es muy luminosa. Tiene una ventana muy grande con unas cortinas color azul. La alfombra también es azul. A la derecha de la ventana hay también una mesa y una silla.
Mujer: ¿Tienes televisión?
Hombre: Sí, una televisión muy grande en frente de la cama.
Mujer: ¿Y la decoración? ¿Es bonita?
Hombre: Pues hay dos cuadros en la pared, encima de la cama. También hay un espejo encima de la mesa.
Mujer: ¿Y tienes minibar?
Hombre: Sí, está debajo de la mesa.
Mujer: ¡Qué bien! ¡Tienes de todo! ¿Y el baño? ¿Es grande?
Hombre: No, es pequeño. Tiene lo básico, la ducha, el baño, toallas…
Mujer: Perfecto, no necesitas más. Pásalo muy bien.
Hombre: Sí, cariño.

Pista 7

- ¿Nos vemos mañana?
- No puedo. Mañana nos vamos de vacaciones a Terra Mítica.
- ¿Sí? ¡Qué bien!
- Hemos encontrado una súper oferta de última hora en Internet.
- A mí no me gusta reservar un hotel por Internet. No me fío.
- ¿Por qué no? Nosotros siempre reservamos las vacaciones así. Ahorramos tiempo y dinero.
- Pero, ¿dónde reclamas si algo no te gusta?
- Buena pregunta. La verdad, no lo sé.

Pista 8

Estamos buscando un nuevo recepcionista para nuestro hotel de la costa. Queremos una persona dinámica porque tiene que hacer muchas cosas. Su función principal es la de atender a los clientes en la recepción. Por una parte, recibe a los clientes del hotel. Eso significa que tiene que darles la bienvenida y decirles cuál es su habitación. Y por otra, tiene que atender a los clientes que llaman por teléfono. Hacer reservas, dar información sobre nuestra disponibilidad, sobre los precios y ofertas… etc. ¡Ah! Y su tercera función, también muy importante, es la de contestar a los mails de los clientes.

Pista 9

1) Sí, este verano hemos creado un nuevo menú para nuestros clientes. Es un menú muy selecto, con productos de la zona. Y además ligero. Los clientes están probando los nuevos platos y están muy contentos.

2) Este es mi segundo año dirigiendo el hotel y estoy muy contento. Tengo mucha responsabilidad y tengo que controlar que todo funcione bien en el hotel para que los clientes y los empleados estén contentos. Me gusta mi trabajo, pero a veces es difícil tomar decisiones.

3) Mi trabajo es muy sencillo. Cuando llegan los clientes, les ayudo con el equipaje y las maletas. Al final del día acabo muy cansado, pero normalmente me dan muchas propinas.

Pista 10

Yo empiezo en la hostelería en 1975 trabajando como camarero los fines de semana en el bar de mi pueblo para pagarme los estudios en la Escuela Oficial de Turismo.

Después de estudiar tres años allí, decido ir a trabajar al extranjero para mejorar mi nivel de idiomas. Encuentro mi primer trabajo como recepcionista en un hotel de Irlanda.

Luego, me traslado a París donde trabajo también como recepcionista y, finalmente, jefe de recepción. De París vuelvo a España y trabajo para el Palace como sub-director y, ahora, como director de comidas y bebidas de este nuevo hotel de lujo de la misma cadena.

Ser director de comidas y bebidas es muy interesante ya que tienes muchas personas a tu cargo y tienes que saber un poco de todo, tanto de todos los campos de la hostelería y la restauración, como de psicología, derecho, sociología, etcétera.

Tienes la oportunidad de conocer los mejores lugares del mundo y vivir en un entorno de lujo, comiendo cada día las especialidades del hotel.

Yo vivo en una suite con mi familia en el noveno piso. Mi esposa no tiene que cocinar ni hacer la casa y nosotros, como nuestros hijos, disfrutamos de todas las comodidades como piscina, gimnasios, etcétera.

Por otra parte, vivir en el hotel también tiene inconvenientes ya que siempre estoy disponible para cualquier emergencia, por lo que las noches, las fiestas, la Navidad, no existen para mí, ya que son las fechas de más trabajo y cuando más pendiente tengo que estar.

De todas formas, me considero afortunado por poder trabajar en lo que más me gusta.

UNIDAD 3

Pista 11

- Buenos días.
- Buenos días. ¿Todavía sirven el desayuno?
- Sí señor hasta las 10:00, ¿quiere tomarlo en una mesa o en la barra?
- Me quedo aquí mismo, en la barra. Tengo prisa.
- Muy bien. ¿Qué va a tomar el señor?
- Un café con leche y un zumo de naranja natural.
- ¿Desea el señor una tostada o bollería?
- Eh, bueno sí, un cruasán, por favor.
- ¿Quiere un poco de mermelada o mantequilla para el cruasán?
- No, muchas gracias. Ah, por favor, la leche del café no muy caliente y tráigame también sacarina.
- Aquí tiene, señor. ¡Qué aproveche!
- Gracias. ¿Qué le debo?
- Son 7 €. ¿Desea que se lo cargue a la habitación?
- Pues… sí, mejor cárguelo a la habitación. Es la 809.
- Muy bien, si es tan amable, firme aquí por favor.
- Adiós, señor.
- Adiós, muchas gracias.

Pista 12

Camarero: Restaurante. Le habla Alfonso Ramos.
Cliente: Buenas noches. Le llamo de la habitación 892.
Camarero: ¿En qué puedo ayudarle?
Cliente: ¿Me pueden subir la cena a la habitación?
Camarero: Por supuesto señor. ¿Qué desea?
Cliente: Pues… Una sopa de mariscos de primero y luego un pescado a la plancha. ¿Qué tienen?
Camarero: Tenemos lenguado, por ejemplo.
Cliente: Muy bien, pues lenguado a la plancha.
Camarero: Y ¿de beber?
Cliente: Agua mineral con gas.
Camarero: ¿Desea el señor algo de postre, o café?
Cliente: No, nada más. Gracias.
Camarero: ¿A qué hora desea que se lo subamos?
Cliente: Pues dentro de media hora.
Camarero: Sí señor. A las 10 en punto. ¿Me puede decir su nombre, por favor?
Cliente: Sí, Alberto Usía.

Pista 13

Camarero: Buenos días. ¿Qué va a ser?
Cliente 1: A ver, queremos dos cafés con leche y dos zumos de naranja.
Camarero: Muy bien.
Cliente 1: Y para comer, dos de huevos con beicon, y un cruasán.
Cliente 2: Y yo quiero una tarta de manzana y una botella de agua mineral.
Camarero: Muy bien. Ahora se lo traigo.

Pista 14

1.
- ¿Está buena la pizza?
- No mucho. Tiene poco tomate.

2.
- Yo voy a tomar un sándwich mixto, ¿y tú?
- Yo voy a pedir un sándwich vegetal.

3.
- ¿Te apetece una ración de calamares?
- Sí, perfecto. ¡Me encantan los calamares!

4.
- A ver… ¿Qué tienen en la carta? Mmmm, ¡croquetas! Pero mejor pedimos otra cosa porque son un poco pesadas.
- Sí, mejor tomamos una ensalada que es más ligera.

Bienvenidos de nuevo

5.
- Disculpe, la tortilla está muy fría. ¿Puede calentarla un poco en el microondas, por favor?
- Claro, señora, ahora mismo.

6.
- ¿Tomamos el último vinito, Carlos?
- Bueno, pero el último. A éste invito yo.

7.
- Este jamón está salado, pero en bocadillo está rico.
- ¡Sí, el jamón siempre está rico!

8.
- Me gustan mucho los batidos de esta cafetería. Siempre están muy dulces.
- Sí, sobre todo el de fresa. Mira, pruébalo.

9.
- Odio el queso, no me gusta su sabor.
- Yo también los odio. Tiene un sabor un poco fuerte.

10.
- ¿Has puesto la sal y el aceite en la ensalada? ¡Es que está muy sosa!
- ¡Uy! Pues no. ¿No la has puesto tú?

Pista 15

1.
Cliente: Disculpe, camarero, nos trae la cuenta.
Camarero: Claro, ahora mismo. Tenga.
Cliente: Gracias. ¿Puedo pagar con tarjeta?
Camarero: Claro, como desee.

2.
Cliente 1: ¡Brindemos por nosotros!
Cliente 2: Sí, salud, por los viejos tiempos.
Todos: ¡Salud!

3.
Cliente: Camarero, disculpe… Mmmm, camarero, por favor… Camarero, ¿puede atenderme un momento?

Pista 16

Camarero: Buenas tardes señores.
Cliente: Hola.
Camarero: ¿Qué les ponemos?
Cliente: Para mí, una cerveza sin alcohol.
Camarero: ¿Y para la señora?
Cliente 2: Una botella de agua mineral.
Camarero: ¿Con gas o sin gas?
Cliente: Sin gas, por favor. Y para la niña un batido de chocolate.
Camarero: Muy bien. ¿Desean algo de comer los señores?
Cliente: Sí, una ración de patatas fritas, por favor.
Camarero: Entonces, vamos a ver, era… una cerveza sin alcohol, un agua mineral sin gas, un batido de chocolate y una de patatas fritas.
Cliente: Eso es.

Pista 17

Mis padres tienen una casa de comida así que no es la primera vez que trabajo en un restaurante. Tengo mucha experiencia. Pero sí es la primera vez que lo hago en un restaurante de lujo.

Aquí, me gusta mucho probar las recetas del chef, que cambian cada semana. Normalmente comemos todos los días algo diferente. Además, en vez de esperar a que terminen los clientes, como suele suceder en otros restaurantes, nosotros comemos los primeros. Así podemos explicar a los clientes cómo son los platos y también tenemos más energía para aguantar durante la dura jornada.

En realidad, eso es lo que más me molesta de mi profesión: empezar a las once y terminar a las dos o las tres de la madrugada, especialmente los fines de semana, cuando los clientes que vienen a cenar no tienen prisa y les gusta hacer una sobremesa larga.

Pista 18

Cliente: Perdone, creo que se ha equivocado, este zumo no es para mí.
Camarero: A ver, es cierto, es para la mesa dos. Disculpe, señor.
Cliente: Además, me ha traído un café cortado y yo quiero un café solo.
Camarero: ¡Qué despiste, señor! Inmediatamente se lo cambio.
Cliente: Y también está equivocada la comida. Mi desayuno son dos tostadas con mantequilla, y usted me ha traído mermelada.
Camarero: Ahora mismo le traigo bien su desayuno. Lo siento mucho, señor.
Cliente: No se preocupe, no pasa nada. Por favor, ¿puede limpiar la mesa? Está un poco sucia de los anteriores clientes.
Camarero: Ahora mismo
… Unos minutos más tarde
Cliente: Disculpe, hace ya diez minutos que espero el desayuno …
Camarero: Sí, sí, perdone, ahora mismo lo traigo. Tenemos un problema con la tostadora. Aquí tiene. Perdone la espera.
… Media hora después
Cliente: Camarero, me trae la cuenta.
Camarero: Aquí tiene. Son 20 euros.
Cliente: ¿Veinte euros por dos tostadas, un café frío y unas tostadas quemadas?
Camarero: A ver… Perdone, le he traído la cuenta de otra mesa. Su desayuno son 5 euros.
Cliente: Eso es otra cosa. Pero… ¡Qué desastre de cafetería! ¿Tienen ustedes libro de reclamaciones?

GRAMÁTICA I

Pista 19

A: Aeropuerto
B: Bilbao
C: Cena, comensal
CH: Chocolate
D: Dormitorio
E: Ejecutivo
F: Farmacia
G: Gato, gente
H: Hotel
I: Idioma
J: Jarabe
K: Kilómetro
L: Lavabo
M: Mesa
N: Nevera
Ñ: Ñoqui
O: Orejas
P: Pasajero
Q: Queso
R: Radio
S: Salmón
T: Tarjeta
U: Urgente
V: Viaje
W: Whisky, waterpolo
X: Xilófono

TRANSCRIPCIONES

Y: Yate
Z: Zapatos

Pista 20

Gato, gorro, guante
Guerra, guiso
Jamón, jota, jugar
Jengibre, jinete
Genio, ginebra

Pista 21

Cereza
Ciruela, zapato
Zorro, zurrón
Queso
Quinto, casa
Cosa, cuenta

REPASO I

Pista 22

a) patatas
b) efectivo
c) habitación
d) mantequilla
e) vaso
f) garaje
g) bocadillo
h) espejo
i) consigna
j) ñoqui
k) retraso
l) yate

Pista 23

Amigo: Juan, ¿quedamos el jueves para jugar al tenis?
Juan: El jueves no puedo. Duermo en París y salgo el viernes de vuelta.
Amigo: El sábado entonces.
Juan: No. El sábado tengo que ir al médico para un reconocimiento obligatorio.
Amigo: ¿Y el domingo?
Juan: El domingo voy a Buenos Aires.
Amigo: ¿Y antes del jueves?
Juan: A ver, el lunes tengo que volar a Ecuador, el martes a Perú, y el miércoles... mira el miércoles lo tengo libre por ahora. Si quieres, nos vemos el miércoles.
Amigo: Muy bien, pues te llamo el miércoles por la mañana.
Juan: Sí, pero no muy pronto que tengo que dormir para recuperarme de los cambios horarios.
Amigo: Bueno, pues llama tú cuando estés despierto.

Pista 24

Cliente: ¡Por favor!
Camarero: Dígame.
Cliente: Dos cervezas, una coca-cola, y una botella de agua mineral.
Camarero: ¿Algo para picar?
Cliente: Bueno, una ración de aceitunas.
Camarero: Muy bien, entonces son dos cervezas, una coca-cola, una de agua mineral y una de aceitunas.
Cliente: Eso es.

UNIDAD 4

Pista 25

Herien: Queremos información sobre viajes a las Islas Canarias de una semana de duración.
Agente: Muy bien. ¿Van por trabajo o por placer?
Raquel: Vamos de vacaciones. Queremos hacer turismo ecológico y visitar al menos dos islas: Tenerife, para subir al Teide, y Lanzarote, para ver el Parque Nacional de Timanfaya.
Agente: Muy bien, tengo un viaje organizado con un precio muy interesante.
Herien: ¿Con todo incluido?
Agente: Es un paquete. Con vuelo chárter a Tenerife y luego transporte en autobús y jeep al Teide. También se visita el Drago Milenario y algunas playas famosas de Tenerife. Después hay un pequeño crucero por las islas orientales que para un día entero en Lanzarote. Son siete noches.
Raquel: ¿A cuánto sale?
Agente: Ahora mismo hay una oferta de 500 euros por persona. Incluye viaje, alojamiento en habitación doble, traslados desde el aeropuerto, los barcos, pensión completa y guía.
Herien: ¡Qué bien! ¿No hay más gastos?
Agente: Bueno, las tasas de los aeropuertos. Aquí tienen un catálogo donde pueden ver los hoteles y las fotos de los lugares que pueden visitar, con un itinerario detallado.
Herien: ¡Qué bonito! Pues creo que sí nos interesa.
Agente: Si me dan sus nombres y me dejan un depósito del 50%, puedo hacer ya la reserva. El resto lo pueden abonar al recoger su bono.

Pista 26

1.
- ¿Sabes que hoy vamos a las llamadas montañas de fuego?
- ¿Las montañas de fuego?
- Sí, al Parque del Timanfaya. Son unas montañas de origen volcánico. Están en Lanzarote y hemos contratado una visita guiada de dos horas de duración que además incluye un paseo en camello.
- ¡Qué divertido!

2.
- ¿El desierto de Maspalomas? No, no sé dónde está.
- Está situado al sur de la Isla de Gran Canarias. Es un parque natural único con dunas, una especie de desierto. Casi nunca llueve y tiene una temperatura media de 30 grados en verano y 20 en invierno. Tiene muchas aves y pájaros.

3.
- ¿Dónde vais a ir esta tarde?
- Pues vamos a hacer una excursión al Drago milenario. Es un árbol que se encuentra al norte de la Isla de Tenerife. Es muy famoso porque tiene más de 3000 años. Es enorme, mide más de 18 metros de alto y 6 de ancho. ¿Sabes? Hay un montón de leyendas sobre él.
- ¡Qué interesante!

4.
- ¿Hoy qué vais a hacer?
- Hoy nos vamos a relajar un poco y vamos a ir a la playa a tomar el sol. Queremos conocer la Playa de las Teresitas. Es una de las pocas playas de las Islas que no tiene arena negra. Nos han contado que es una playa artificial con arena del Sahara. Es curioso, ¿verdad?

Bienvenidos de nuevo

Pista 27

- Muy bien, entonces, un viaje a Tenerife. ¿Cuántos días?
- Una semana. Bueno, ocho días y siete noches.
- Perfecto, siete noches… ¿Pensión completa?
- No, solo alojamiento y desayuno porque por el día vamos a hacer excursiones.
- ¿Quieren contratarlas ya?
- Sí, queremos contratarlas. Un día queremos visitar el parque del Timanfaya y otro día hacer un crucero por las islas.
- Muy bien. ¿Les interesa alquilar también un coche para poder conocer bien la isla y sus playas?
- Vale, es una buena idea tener un coche para poder conocer bien la isla.
- Estupendo. El vuelo también lo reservo. ¿A qué nombre hago la reserva?
- A nombre de Raquel Pacheco.
- Sra. Pacheco, tiene que dejar un depósito del 50 % del precio del viaje.
- ¿Aceptan tarjetas de crédito?
- Por supuesto.

Pista 28

Queridos turistas, ¡Bienvenidos a nuestro bus!
Vamos a iniciar nuestra ruta turística por la ciudad de Madrid. Esperamos que sea de su agrado. Ahora mismo estamos en la estación de Atocha, una de las estaciones de trenes más importantes de Madrid. Está situada en el sur de la ciudad y de ella salen casi todos los trenes que van hacia el sur y el oeste de España. En su interior tiene un jardín botánico con plantas de muchos tipos. Se puede visitar a cualquier hora del día de forma gratuita.

A continuación, vamos a subir por el Paseo del Prado, una de las vías más amplias de la ciudad. A la derecha tienen el Museo del Prado. Es el museo más importante de la ciudad con más de 1000 pinturas de los siglos XVI a XIX y con más de 900 esculturas. El edificio es del siglo XVIII. El museo está abierto todos los días desde las 10 de la mañana hasta las 8 de la tarde, y los domingos y festivos de 10 a 19. La entrada cuesta 14 euros e incluye la visita a la exposición permanente y a las exposiciones temporales. Por la tarde, a partir de las 18:00, es gratuito.

A la derecha, tomaremos la calle Alcalá. Subiendo esta calle pueden ver la Puerta de Alcalá, uno de los símbolos de Madrid. Esta puerta es del siglo XVIII y tiene un estilo neoclásico. Anteriormente, era una de las puertas de acceso a la ciudad, pero hoy sirve de monumento. No es posible visitar su interior. Es especialmente bonito contemplarla por la noche, cuando se pude ver su belleza gracias a su iluminación.

Pista 29

1)
- Perdone, ¿hay algún parque por aquí cerca?
- Sí, mire, hay uno muy cerca. Es un parque muy grande y muy bonito. Tiene que subir esta calle, el Paseo del Prado, y girar la primera a la derecha. Allí mismo lo encuentra.

2)
Sí, claro, yo le indico. Está ahí en frente. Tiene que subir unos veinte metros y cruzar la calle. Justo ahí está el museo.

3)
Tiene que seguir recto por el Paseo del Prado. Cruza la glorieta y continúa por el paseo de Recoletos. Cuando llegue a los Jardines del Descubrimiento, gira la primera a la derecha y ya está en la calle.

Pista 30

Yo estudié Historia del Arte porque me gusta mucho, pero era muy difícil encontrar trabajo. Como también me gusta viajar y los idiomas, estudié inglés y francés y, para sacar algo de dinero, trabajé en una agencia de viajes para acompañar a turistas los fines de semana por Barcelona. Me gustaba mucho y me di cuenta de que podía ganar mucho dinero y conocer gente muy interesante y simpática. Por eso decidí estudiar Turismo y pasé tres años estudiando en una escuela privada en Barcelona.

Ahora trabajo solo para clientes españoles de alto nivel y hago viajes maravillosos, a Estados Unidos, a Australia, a Canadá. Me encanta porque son muy educados y siempre aprendo muchas cosas de ellos. También tengo que estudiar bastante, ya que cada país es muy diferente y la gente pregunta siempre las cosas más inesperadas sobre arte, cultura, historia, sociología, costumbres … Prefiero cambiar de país que estar, como los primeros años, repitiendo la misma historia sobre la "Sagrada Familia" y Gaudí, un día tras otro. Lo malo también es que cuando viajo tengo que dejar a mi familia por dos o tres semanas y la verdad, echo de menos a mis hijos, pero… ¡Así es la vida!

Pista 31

Raquel: Buenos días.
Agente: Buenos días, por favor, pase y siéntese.
Raquel: Mire, soy Raquel y hace unos días estuve aquí para reservar un paquete vacacional a las Islas Canarias. ¿Se acuerda de mí?
Agente: Sí, sí, claro, un viaje de una semana para dos personas.
Raquel: Pues mire, tenemos un problema. Herien, mi compañera, se ha caído y se ha roto una pierna. Quería saber si hay posibilidad de anular el viaje porque no puede andar.
Agente: Vaya, qué mala suerte. ¿Tienen ustedes seguro de cancelación?
Raquel: No, creo que no. Hemos pagado un depósito del 50 por ciento del precio del viaje.
Agente: Pues lo siento, pero si no tienen seguro, no podemos devolverles el dinero de la reserva.
Raquel: ¡Qué disgusto! ¡Es que es mucho dinero! ¿Tampoco es posible un cambio de fechas?
Agente: No, lo siento, porque los billetes de avión están ya comprados.
Raquel: ¿Y no hay ninguna solución?
Agente: A ver… yo creo que pueden hacer el viaje. Pueden alquilar una silla de ruedas y así visitar todos los lugares. O anular el viaje y perder la fianza.
Raquel: ¡Ah, pues es verdad!
Agente: Con la silla de ruedas pueden hacer muchas cosas, visitar lugares, descansar en la piscina del hotel, conocer la zona… El avión tampoco es un problema porque tienen espacios especiales reservados.
Raquel: Claro, claro.
Agente: A lo mejor no puede ir a todas las excursiones, y claro, la ruta en camello va a ser difícil…
Raquel: No importa. Al menos podemos viajar. ¡Qué bien! Muchas gracias por su ayuda.

UNIDAD 5

Pista 32

Relaciones Públicas: Este es el salón donde vamos a servir el cóctel.
Sr. Muller: ¿Cuántas personas caben aquí?
RR. PP.: Unas cuatrocientas. Y por aquí, a la derecha, tenemos el Salón Real.
Sr. M: ¡Ah! Es muy bonito. ¿Las mesas son siempre redondas?
RR. PP.: Sí, pero en su cena podemos poner varias mesas rectangulares para los novios y las familias. En cada mesa caben doce personas.

TRANSCRIPCIONES

Sr. M: ¿Puedo ver las habitaciones y la suite nupcial?
RR. PP.: Claro, acompáñeme a los ascensores, por favor. Usted desea reservar diez habitaciones individuales, doce dobles y una suite nupcial, ¿verdad?
Sr. M: Sí, la suite para los novios es solo para la noche del sábado, pero las demás habitaciones son para tres días. Quizá alguno de nuestros invitados se quede más tiempo para conocer la ciudad.
RR. PP.: No hay problema, Sr. Muller, tenemos habitaciones suficientes.
Sr. M: ¿Me podría enseñar, por favor, las demás instalaciones del hotel?
RR.PP.: ¡Claro! Bueno, aquí en la planta baja está la recepción, la conserjería, la agencia de viajes, los restaurantes, los salones para celebraciones y la terraza.
Sr. M: Muy bien. También he visto que hay tiendas y una peluquería.
RR. PP.: Y no solo eso, a la izquierda de la peluquería está la entrada al gimnasio y la piscina. Y nuestro centro de negocios está en la primera planta.

Pista 33

Recepcionista: Hotel del Arte, dígame.
Sr. González: Buenas tardes, quería reservar una habitación.
Recepcionista: Muy bien, ¿para qué fechas?
Sr. González: Para este fin de semana, entrada el viernes y salida el domingo.
Recepcionista: Sí, dos noches. ¿Una habitación individual?
Sr. González: No, voy a viajar con mi mujer y mis hijos. Somos cuatro. ¿Es posible una habitación con dos camas supletorias para los niños?
Recepcionista: No, lo siento. Solo es posible una cama supletoria por cada habitación.
Sr. González: Está bien. Entonces dos habitaciones dobles.
Recepcionista: Un momento, voy a comprobar la disponibilidad del hotel. Lo siento, este fin de semana no tenemos habitaciones disponibles porque tenemos la celebración de una boda y todas las habitaciones están ocupadas.
Sr. González: ¡Qué pena! ¿Y para el fin de semana siguiente?
Recepcionista: A ver… sí, ningún problema. Hay habitaciones libres.
Sr. González: Estupendo. Disculpe, ¿cuál es el precio de la habitación?
Recepcionista: La habitación doble tiene un precio de 60 euros por noche.
Sr. González: ¿No tiene ninguna oferta?
Recepcionista: Pues ahora mismo tenemos descuentos, pero solo en las estancias de más de dos días. Bueno, tenemos otra oferta más y por un euro más por cada habitación incluimos también el desayuno.
Sr. González: Ah, perfecto. Me interesa. Entonces dos habitaciones dobles con desayuno.
Recepcionista: Muy bien. ¿A nombre de quién hago la reserva?
Sr. González: De Ricardo González.
Recepcionista: Muy bien, Sr. González, ya está. Le recordamos que pueden entrar al hotel a partir de las 2 de la tarde y que deben dejar la habitación el domingo antes de las 12.
Sr. González: Muy bien, gracias por la información.

Pista 34

- ¿Me puede poner con el Sr. Artur Bujol?
- Sí señora, enseguida le pongo.
- Gracias. Sí, espero.
- Lo siento señora, pero el Sr. Bujol no contesta. ¿Quiere dejarle un mensaje?
- Sí, por favor. Dígale que la rueda de prensa va a ser a las cinco en el salón Escudo. Van a venir cuarenta periodistas acreditados. Dígale que llegaré media hora antes.
- ¿Me dice su nombre, por favor?
- Sí, claro, soy Anna Pons.

Pista 35

Cliente: Por favor, ¿me puede poner con la habitación de Idoia Elorzagaleta?
Telefonista: Disculpe, ¿cuál es el apellido de esta persona?
Cliente: Idoia es el nombre. Elorzagaleta es el primer apellido. El segundo es Medicoechevarría de Aturmendi.
Telefonista: ¿Me puede deletrear el primer apellido, por favor?
Cliente: E-l-o-r-z-a-g-a-l-e-t-a
Telefonista: Muchas gracias. A ver, sí; está en la habitación 845. ¿Le pongo con la habitación?
Cliente: No gracias. No hace falta. Llamo yo directamente. ¿Tengo que marcar algún prefijo antes?
Telefonista: Para las llamadas de habitación a habitación marque el 7 delante del número de la habitación.

Pista 36

Cliente: Muy bien, Señor Suñer, ¿Está ya todo preparado para la boda?
Martín Suñer: Sí, ya tenemos todas las mesas colocadas. Los novios se van a sentar en el centro del salón, en esa mesa redonda, y todos los invitados alrededor, en las mesas cuadradas. Son 54 mesas cuadradas y una redonda.
Cliente: ¿Cuántos invitados hay en cada mesa?
Martín Suñer: Las mesas son de seis y de ocho personas. Luego hay otras más grandes para los niños que son para diez.
Cliente: ¿Las mesas van a estar decoradas?
Martín Suñer: Sí, nos falta la confirmación de los novios. Nuestra idea es colocar unas flores rojas en el centro y con unas servilletas también rojas.
Cliente: ¿Han pensado en la música también?
Martín Suñer: Por supuesto. A la llegada de los novios sonará la marcha nupcial. Después va a haber una orquesta en directo. Tenemos que hablar con los novios para saber qué tipo de música quieren escuchar durante el banquete. Este es un pequeño detalle aún sin solucionar.
Cliente: Y los regalos para los invitados, ¿están ya listos?
Martín Suñer: También. A los hombres les vamos a regalar un puro y a las mujeres un pequeño espejo para el bolso.
Cliente: ¿Hasta qué hora podemos estar en el salón?
Martín Suñer: Hasta cuando quieran, no tenemos ningún otro evento programado para ese día.
Cliente: Fenomenal. Veo que es usted muy eficiente y que está todo perfectamente organizado.

UNIDAD 6

Pista 37

Antonio Sánchez: Hola, buenas noches. Teníamos una mesa reservada.
Camarero 1: Buenas noches. ¿A nombre de quién, por favor?
Antonio: De Antonio Sánchez.
Camarero 1: Sí, aquí está, para cuatro personas a las diez. ¿Me acompañan, por favor? Aquí es, junto a la ventana.
Camarero 2: ¿Desean los señores tomar alguna bebida mientras eligen el menú?
Antonio: Sí, gracias. Yo tomaré una cerveza.
Pedro: Yo también.
Sara: Yo prefiero un refresco. Tomaré una coca-cola con poco hielo.
María: Yo otra.
Camarero 2: Aquí tienen la carta, por si quieren ir mirándola. Enseguida les traigo las bebidas. Fuera de la carta, hoy tenemos lubina al horno y ternera estofada con setas y verduras. Y para empezar, tenemos un jamón ibérico de Jabugo extraordinario.

Bienvenidos de nuevo

Antonio: Tráiganos un poco de jamón de aperitivo. María, ¿tú qué vas a tomar?
María: Bueno, pues yo tomaré sopa de puerros de primero y de segundo solomillo con setas.
Pedro: Yo quiero gazpacho y, de segundo, besugo al horno.
Sara: Yo tomaré croquetas con verduras de primero y salmonetes de segundo.
Antonio: Pues yo voy a tomar arroz con bogavante y cordero asado con pisto.
Camarero 2: Bien señores. Me permito recomendarles nuestro vino de la casa que es un Rioja, reserva del 2004.
Antonio: De acuerdo, tomaremos el vino de la casa. ¿Nos puede traer también agua mineral con gas?

Pista 38

Cliente: ¿Qué es el pollo a la asturiana?
Camarero: Es un pollo con una salsa de sidra y cebollas.
Cliente: ¿Qué tiene la ensalada de la casa?
Camarero: Tiene lechuga, tomate, cebolla, huevo y atún.
Cliente: ¿Qué son las patatas al alioli?
Camarero: Son patatas cocidas y peladas en salsa de aceite y ajo.
Cliente: ¿Qué es la paella valenciana?
Camarero: Es un plato con arroz, con pescado y marisco, o con carne. También puede llevar verduras. Es típico de la zona mediterránea.
Cliente: Y la lubina a la sal, ¿es carne o pescado? ¿Cómo está cocinada?
Camarero: Es un pescado que se cubre de sal y se pone al horno.
Cliente: ¿En qué consiste esta guarnición para la carne?
Camarero: Pues es verdura: calabacín, pimiento, zanahoria y berenjena.
Cliente: ¿El pescado se sirve rebozado o a la plancha? Estoy a dieta.
Camarero: No se preocupe, podemos cocinarlo de cualquier manera, como usted prefiera.
Cliente: ¿El cocido es un primer plato o un segundo plato?
Camarero: Es plato único. Es una sopa, garbanzos, verdura y carne.

Pista 39

Camarera: Buenas noches, ¿en qué puedo ayudarles?
Cliente: Teníamos una mesa reservada.
Camarera: A nombre de quién, por favor.
Cliente: Juan Antonio López.
Camarera: Sí, aquí está. Pasen por aquí por favor.
Cliente: Gracias.
Camarera: ¿Ya han decidido lo que van a tomar?
Cliente: Sí, ya hemos decidido. Las señoras van a tomar una ensalada de la casa y nosotros vamos a compartir el foie al oporto.
Camarera: ¿Y de segundo?
Cliente: De segundo, las señoras van a tomar lenguado: uno a la plancha y otro en salsa verde.
Camarera: ¿Y los señores?
Cliente: Nosotros vamos a tomar carne. ¿Qué nos recomienda?
Camarera: Pues el solomillo a la pimienta está estupendo.
Cliente: Eso suena muy bien. Pues dos solomillos a la pimienta entonces.
Camarera: Y de bebida, ¿qué van a tomar?
Cliente: Como hoy es festivo, vamos a tomar una botella de vino. ¿Me trae la carta?

Pista 40

Camarero: Buenas noches, díganme, ¿han pensado ya que van a tomar?
Señor: Sí, ya hemos mirado la carta. Tiene todo muy buena pinta.
Señora: Sí, y además tenemos mucha hambre.
Camarero: Estupendo. ¿Quieren que les traiga un aperitivo? Unas aceitunas o un poco de jamón, lo que quieran.
Señor: ¿Tiene unas tapitas de queso?
Camarero: No, lo siento, se nos ha acabado.
Señor: Pues unas aceitunas están bien.
Camarero: Muy bien, primero les tomo nota y ahora les traigo el aperitivo con la bebida.
Señora: Perfecto. Entonces, estamos pensando en tomar el menú del día.
Camarero: Permítame que les recomiende nuestro menú degustación. Consiste en una degustación de tres primeros platos a elegir, tres segundos platos y tres postres de la carta.
Señor: ¿Tú qué dices, cariño?
Señora: Yo prefiero pedir algo de la carta, si no te importa.
Señor: Muy bien. Pues de primero a mí me va a traer un arroz con verduras.
Señora: A mí también.
Camarero: ¿Y de segundo?
Señora: Para mí un filete a la plancha.
Señor: Yo no sé si un filete o un lenguado a la plancha. Mmm, un lenguado mejor.
Camarero: Muy bien. ¿Para beber? Tenemos una amplia selección de vinos o si prefieren también pueden pedir una sidra de la casa.
Señor: Pues yo querría tomar una botella de vino blanco, que va mejor con el pescado.
Señora: Y yo una de tinto, que va mejor con la carne.
Camarero: Pueden pedir una botella de rosado que va bien con todo.
Señor: Pues es verdad.
Señora: Sí, una de rosado.
Camarero: Muy bien, ¿alguna cosa más?
Señora: No, eso es todo de momento.
Señor: Bueno, sí, ese aperitivo…
Camarero: Sí, señor, ahora mismo se lo traigo.
Señora: Muchas gracias.
Señor: Muchas gracias.

Pista 41

Yo tengo 39 años y soy español y francés. Mi padre es español y mi madre francesa. Estudié en la universidad de Toulouse, donde cursé mis estudios de Técnico Superior en Hostelería, especializado en Restaurante. Después, obtuve el certificado de Aptitud Profesional para la Cocina Tradicional.

En cuanto terminé mis estudios, empecé a trabajar en un hotel del Grupo Ibis, como segundo *maître*, y luego como responsable de restaurante. Después de dos años pasé a ser subdirector del hotel, hasta que me marché a Londres para perfeccionar mi inglés. Allí trabajé en un restaurante de lujo como auxiliar de *maître*. De vuelta a Francia, me formé de nuevo en la universidad para ser profesor de Hostelería y trabajé colaborando con un curso de vinos y licores.

Actualmente soy profesor a tiempo parcial en la universidad y trabajo también como *maître* del restaurante de lujo La Tour D'Or. Es una ventaja trabajar y enseñar a la vez, ya que puedo transmitir a mis alumnos las experiencias reales del mundo de la restauración. Considero que es imprescindible formarles en Tecnología, práctica del hotel, restaurante y el bar, así como etiqueta de mesa e historia de la cocina. Por otra parte, es fundamental conocer todo sobre los vinos del mundo y su degustación.

Con esta profesión disfruto de la vida y de las costumbres de cada país, y me considero una persona muy culta. Con el tiempo sabes cómo es una persona según sea su elección en el restaurante y su comportamiento en la mesa.

Me encanta mi trabajo y me considero muy bien pagado. Lo único que no me gusta es ver que los demás comen mientras yo trabajo, pero luego, cuando todos se van es nuestro turno, y aunque estamos muy cansados, también disfrutamos de los placeres de la buena mesa.

TRANSCRIPCIONES

REPASO II

Pista 42

Salga del hotel y gire a la derecha; en la esquina hay un banco. Ahí siga de frente hasta la siguiente esquina; justo enfrente está la catedral. Después gire a la izquierda, siga recto hasta la tercera calle, hay una plaza en medio, debe rodearla. En la calle que sigue a la plaza, gire a la derecha y, enfrente del semáforo, tiene el Museo de Arte Moderno.

Pista 43

Cliente: ¿Me puede poner con la 204, por favor?
Telefonista: Sí señora, usted quiere hablar con D. Juan López, ¿verdad?
Cliente: Eso es.
Telefonista: Le pongo. Lo siento el Sr. López no contesta. ¿Quiere que le deje algún recado?
Cliente: Sí, por favor. Dígale que mañana tenemos que estar en la oficina una hora antes porque tenemos una cita a las 8.
Telefonista: Muy bien. ¿Me dice su nombre, por favor?
Cliente: Sí, Soy Clara Maroni.
Telefonista: Gracias, Sra. Maroni. El recado es que si por favor puede llegar a la oficina una hora antes; la cita es a las 8.
Cliente: Exactamente. Gracias.
Telefonista: A usted. Adiós.
Cliente: Adiós.

Pista 44

1. salón
2. habitaciones
3. tenedor
4. tenis
5. café
6. céntrico
7. cuchillo
8. jardín
9. montaña
10. menú
11. música
12. turismo
13. arroz
14. autobús
15. hotel

UNIDAD 7

Pista 45

Agente: Buenas tardes. ¿Qué tal, Herien? ¿Te gustó el viaje a Canarias?
Herien: Hola. Sí, fue fantástico. Ahora tengo que ir a Barcelona a un congreso y me gustaría visitar la región. ¿Tenéis algún tour a buen precio?
A: Ahora no tengo ningún paquete, pero te puedo organizar algunas excursiones. En Cataluña hay lugares muy bonitos, tanto en la costa como en el interior, pero creo que debes conocer Gerona y Figueras, y visitar playas de la Costa Brava.
H: ¿Están muy lejos de Barcelona?
A: No, puedes ir en tren o en autobús, o también puedes participar en nuestras excursiones organizadas. Luego te preparo una ruta para que puedas aprovechar al máximo tu tiempo.
H: Bueno, pues dame presupuesto. Ya tengo el hotel y el vuelo.
A: Bien, entonces te busco varias excursiones para visitar la zona. Un día en Gerona, que tiene mucho encanto; otro día en Figueras, para ver el museo Dalí; y otro día excursión de relax a la playa. Las costas de Cataluña son muy diferentes a las que viste en Canarias.
H: No olvides que también quiero conocer Barcelona.
A: Sí, Sí. Para la visita a Barcelona te irá a buscar un guía turístico.
H: ¿Y cuál será el itinerario?
A: Pues te llevará a ver la Sagrada Familia, el Parque Güell, el barrio judío, las Ramblas, etc. Todos los lugares de interés de la ciudad.

Pista 46

Cliente: ¿Cuánto es?
Camarero: Son dos cafés y una ración de patatas fritas, ¿verdad?
Cliente: Sí, eso es.
Camarero: Pues son cuatro euros cincuenta.
Cliente: ¿Aceptan tarjetas de crédito?
Camarero: Sí señor; pero solo para cantidades superiores a diez euros.
Cliente: ¿Y cheques?
Camarero: Lo siento señor, tampoco. ¿No tiene el señor esta cantidad en efectivo?
Cliente: Creo que no. A ver, dos, tres, tres cincuenta, tres setenta…. Ah, sí, otra moneda de dos euros. Aquí tiene, cinco euros.
Camarero: Gracias, señor. Su cambio. 50 céntimos.
Cliente: Está bien.
Camarero: Muchísimas gracias, señor.

Pista 47

1)
Recepcionista del hotel: Buenos días, señor, ¿en qué puedo ayudarle?
Cliente: Buenos días. Mire, soy estadounidense y mi mujer es europea. Hemos venido a pasar unas semanas por Europa, pero creo que no hemos cambiado suficientes dólares. ¿Es posible hacerlo aquí?
Recepcionista: Perdone, no he entendido bien, ¿quiere cambiar euros en dólares?
Cliente: No, dólares en euros.
Recepcionista: Sí, no hay ningún problema. Dígame la cantidad que quiere cambiar.
Cliente: Perfecto, muchas gracias. Pues unos 200 dólares.
Recepcionista: Muy bien, se lo preparamos enseguida.

2)
Cliente: Buenos días, me alojo en la habitación 300 y quiero saber si en el hotel tienen servicio de cambio de moneda.
Recepcionista: Sí, señor. Tenemos ese servicio. ¿Qué desea cambiar?
Cliente: Quería cambiar 3000 euros en dólares. ¿Es posible?
Recepcionista: Sí, es posible cambiar de euros a dólares, pero no podemos cambiar cantidades tan elevadas. El máximo es 1000 euros.
Cliente: Necesitaba más dinero. Tengo que hacer unas compras. Bueno, si no es posible, 1000 euros está bien. ¿Cuándo puedo tenerlos?
Recepcionista: Mañana.
Cliente: Muy bien, mañana bajo de nuevo a recepción a primera hora de la mañana.
Recepcionista: Estupendo. Tendré todo preparado para entonces.

3)
Cliente: Por favor, ¿puede prepararme la factura de la habitación 340?
Recepcionista: Sí, por supuesto. ¿Con tarjeta?
Cliente: He tenido un problema y me han robado la cartera, así que no puedo pagar con tarjeta. En efectivo. ¿Puedo pagar en pesos?
Recepcionista: ¿En pesos uruguayos?
Cliente: No, no, en pesos venezolanos.

Bienvenidos de nuevo

Recepcionista: Pues lo siento mucho, solo aceptamos pesos uruguayos y dólares.
Cliente: No sé qué voy a hacer entonces…
Recepcionista: No se preocupe, voy a hablar con el director para ver cómo podemos solucionar este problema.
Cliente: Muchas gracias, muy amable.

Pista 48

Antonio: ¡Mirad qué folleto he encontrado hoy en una agencia de viajes!
Marina: A ver, mm, Menorca. ¡Qué isla tan bonita! Yo estuve hace tiempo, pero me encantaría volver.
Antonio: Sí, podríamos organizar un viaje para ir las tres familias con los niños.
Juan: Aquí dice que la oferta es para habitaciones dobles, pero también que admiten más personas por habitación pagando un suplemento.
Antonio: Ah, pues perfecto, podemos escribir a la agencia y preguntar el precio del suplemento. Serían 3 habitaciones dobles para cuatro personas cada una. Antonio y Charo con las dos niñas, Marina y Carlos con los dos pequeños, y Sonia y yo con nuestros dos hijos.
Marina: Genial. También podrías preguntar si hay algún descuento para niños.
Juan: Buena idea. A lo mejor nos sale un poco más barato.
Antonio: Muy bien, yo me encargo de escribir a la agencia. Estaba pensando que nos conviene tener también la comida incluida porque para viajar con niños es más cómodo.
Marina: Sí, es lo mejor. Pues puedes preguntar también si hay posibilidad de incluir la cena y cuál sería el precio.
Juan: Estoy leyendo que las salidas son desde Mallorca y que el barco no está incluido, hay que pagarlo. ¿Crees que sabrán cuál es el precio aproximado para este trayecto?
Antonio: Yo pienso que sí, al menos podrán orientarnos.
Marina: Pero solo una noche es poco tiempo…
Juan: En mi opinión, podríamos quedarnos un día más, ¿qué os parece?
Antonio: A mí, genial. Aquí en las "opciones especiales" dice que puede ampliarse la estancia así que pienso que no habrá problemas.
Marina: Pregunta en la agencia, y también el precio para esta opción.
Antonio: ¿Alguna cosa más?
Juan: No, yo creo que es todo. A ver qué te dicen.
Marina: Sí, solo una cosita más. Allí vamos a tener que alquilar un coche porque las playas son muy bonitas y nos conviene visitar diferentes lugares. Casi seguro que el hotel tiene algún servicio de alquilar, pero es mejor estar seguros.
Antonio: Muy bien, creo que lo he anotado todo. Esta misma tarde escribo a la agencia y ya os cuento que me dicen.
Marina: Fenomenal. Ya nos dices entonces. ¡Qué bien lo vamos a pasar!

Pista 49

¿Viajar? Me encanta viajar. Conozco muchos lugares del mundo y sus culturas, pero quiero conocer más. He viajado por los cinco continentes y en todos los lugares he aprendido muchas cosas. Lo que menos conozco es África porque solo he estado una vez.

Sin embargo, no me gustan todos los viajes. Por ejemplo, no me gustan nada las excursiones organizadas. Prefiero organizar yo mismo mis visitas, ver lo que me apetece, sin horarios, vamos, elegir lo que yo quiero hacer. Por eso tampoco me gusta viajar con mucha gente porque es muy difícil encontrar intereses comunes. Lo mejor es tres o cuatro personas.

Mi viaje ideal es un viaje con amigos, con tiempo para visitar los monumentos y lugares de interés, pero también para conocer la cultura, la gastronomía y la noche. Por ejemplo, probar la comida típica del lugar creo que es muy interesante porque suele ser diferente a la de nuestros países de origen. Recuerdo que en Roma disfruté mucho con la pasta y la pizza. ¡Me encanta!

Por otra parte, mis viajes suelen ser largos, por lo menos una semana o diez días. Así puedo conocer, por ejemplo, una ciudad y también los lugares de alrededor. Puedo alquilar un coche y hacer excursiones o también utilizar el transporte público. Además, me gusta tener tiempo para descansar. Por eso suelo elegir hoteles con spa o con piscina. Me relaja mucho después de caminar todo el día. En realidad, suelo tener poco dinero para los hoteles, pero sé buscar muy buenas ofertas. Si reservas con mucho tiempo puedes encontrar muy buenos precios.

Mi medio de transporte preferido es el avión. No tengo coche y la verdad es que el tren y el bus me aburren para viajes largos. El avión es más caro, pero es mucho más rápido. Lo que no me gusta del avión es que a veces se retrasa y tienes que esperar mucho tiempo en los aeropuertos. Los trenes y autobuses son más puntuales.

Mi próximo destino es Francia. Quiero conocer la capital y la parte del norte. En definitiva, hacer un poco de turismo urbano y también disfrutar de la naturaleza. ¡Tengo que preparar ya el viaje porque el verano está muy cerca!

Pista 50

Llevo más de veinte años llevando grupos de turistas en mi camión hasta las pirámides de Teotihuacán. Es un trabajo seguro pero cansado, ya que con tantos años de conductor me duele ya mucho la espalda.

Otro problema que tengo es soportar el tráfico de México D.F. y la contaminación. Cada mañana me dirijo al norte y tardo alrededor de una hora en llegar allá. Los turistas visitan estos templos y yo les cuento también la historia de esta capital azteca que data del 500 A.C.

Me aburre siempre contar la misma historia, pero vale la pena, porque los turistas se quedan satisfechos y contentos con mis explicaciones. Normalmente me dan un dólar de propina por persona. Hay americanos que son muy generosos y me dan hasta cinco dólares. También aprovechamos a veces, si queda tiempo, para visitar otras cosas como la Basílica de Guadalupe.

Pero lo que más me gusta es cuando pequeñas empresas me contratan para ir a otras ciudades como Puebla, que está a dos horas al sudeste, o a Tlaxcala o Cuernavaca. Además de tener la oportunidad de pasear tranquilamente por estas ciudades preciosas, los clientes me invitan a comer y luego les llevo a una tienda de un primo mío que vende plata. Allí muchos turistas compran recuerdos y a mí me da la tienda una pequeña comisión.

Pista 51

Cliente: Hola, buenos días. ¿Podría hablar con Antonio Solís?
Agente: Sí, soy yo. Dígame, ¿Con quién hablo?
Cliente: Hola, soy Ricardo Gómez, ¿me recuerda? Reservé un paquete vacacional hace unos días.
Agente: Sí, claro, Ricardo, un fin de semana en París la semana que viene.
Cliente: Exacto. Contraté un paquete que incluía el avión y el hotel, pero quería añadir algunos extras.
Agente: No hay problema. ¿Qué quiere incluir?
Cliente: Pues en primer lugar el traslado del aeropuerto al hotel y del hotel al aeropuerto.
Agente: Perfecto. Tomo nota. Tendría que pagar entonces un extra.
Cliente: Sí, sí, claro. También me gustaría cambiar el régimen del alojamiento. Mi reserva no incluía el desayuno.
Agente: ¿Quiere entonces alojamiento y desayuno? A ver, en el hotel donde se alojan el desayuno es de tipo bufé. ¿Le va bien?
Cliente: Sí, muy bien. Creo que es más cómodo y más económico desayunar en el hotel.
Agente: Sí, el precio de la habitación con desayuno solo es tres euros más caro.

TRANSCRIPCIONES

Cliente: Otra cosa más. También nos ofreció una excursión a Versalles. ¿Es posible incluirla?
Agente: Un momento, voy a comprobar si el autobús está completo. A ver… lo siento mucho, pero ya no quedan plazas. Voy a anotar su nombre en la lista de espera por si alguien cancela la excursión.
Cliente: ¡Qué pena! Pero me parece buena idea. Si hay alguna baja, ¿me avisará?
Agente: Sí, claro. De todos modos, tenemos también una excursión a Eurodisney. ¿Le interesa?
Cliente: No, a Eurodisney no me interesa. Preferimos visitar museos y monumentos.
Agente: Genial, traslados al aeropuerto, desayuno, y Versalles si hay plazas…

UNIDAD 8

Pista 52

Relaciones Públicas: Este salón Magnum es más grande que el anterior. Aquí caben las quinientas personas sentadas en mesas de doce y otras doscientas más si es necesario.
Cliente: No, no. El número total será quinientos. Me ha traído los dos presupuestos, ¿verdad?
RR. PP.: Sí, uno para el cóctel y otro que incluye cena. También hay otra opción intermedia: una cena fría tipo bufé, para que la gente cene de pie. Sale casi por la mitad del precio.
C: Pues sí, me gusta la idea. Así además podemos hablar más fácilmente con todo el mundo. Si me enseña qué menús tienen para el bufé y los precios, tomaré la decisión esta misma tarde.
RR. PP.: Cómo no. Ahora mismo se lo preparo todo.
C: Muy bien, pero antes quiero ver la sala de conferencias, para comprobar los medios técnicos, y las habitaciones para mis compañeros, los invitados y miembros de nuestro consejo. Ah, ya le dije que ni ellos ni nuestro presidente quieren suites. Prefieren habitaciones dobles normales.
RR. PP.: Para ellos, tenemos preparadas las suites ejecutivas que son un poco mejores y más grandes que las dobles estándares, pero les mantenemos a ustedes el mismo precio.
C: Gracias. Vamos a ver entonces la sala de congresos. (…)
RR. PP.: Esta es la sala. Aquí está el panel de control de sonido y el cañón de proyección. También tenemos ordenadores portátiles, si los necesitan.

Pista 53

a)
Recepcionista: Recepción, buenas tardes.
Cliente: Llamo de la 230. Me estaba lavando la cabeza y me he quedado sin agua.
Recepcionista: Lo siento señora. Ahora mismo envío al encargado de mantenimiento a su habitación.
Cliente: Gracias
b)
Cliente: Le llamo de la 4040. Acabo de abrir la cama para acostarme y he visto que las sábanas están sucias.
Recepcionista: Lo siento señor. No se preocupe, le envío inmediatamente a la gobernanta para que lo vea y le cambien las sábanas.

c)
Recepcionista: Buenas noches.
Cliente: Hola. Estoy intentando llamar al extranjero desde el teléfono de la habitación, pero no puedo conectarme.
Recepcionista: ¿Ha marcado delante el 00, el 9 y el número con el prefijo del país y la ciudad a la que llama?
Cliente: Sí, sí. Lo he intentado tres veces y no hay manera.
Recepcionista: No se preocupe. Deme el número de teléfono con el que quiere hablar y se lo marcaremos desde la centralita.
Cliente: Es el 92323924 con el 33 de Francia y el 1 de París delante.
Recepcionista: Gracias. Un momento por favor. En un minuto le llamamos, cuando tengamos la conexión con París.

Pista 54

Clienta: Quiero hablar con el director.
Directora: Soy la directora. ¿En qué puedo ayudarle?
Clienta: Este hotel está lleno de incompetentes.
Directora: ¿Qué le sucede? ¿Ha hablado con alguien?
Clienta: Ya he hablado con el recepcionista, el jefe de recepción, el cajero y no hay manera de que me arreglen la factura.
Directora: ¿Hay un error en la factura?
Clienta: Antes de venir al hotel, cuando hice la reserva por teléfono, les pregunté si podían darme una factura por una habitación doble de uso individual, aunque me acompañara mi marido. Me dijeron que sí, y que podía pagar yo la diferencia aparte.
Directora: ¿Y cuál es el problema? ¿Qué ha pasado?
Clienta: Pues que al registrarme el día de la llegada se lo recordé al recepcionista y me dijo que no había ningún problema, pero ahora veo que me han hecho una factura por una habitación doble y dicen que no la pueden cambiar.
Directora: ¿Y por qué está mal una factura por una habitación doble?
Clienta: Mi empresa no va a pagar por una habitación doble. Además, no quiero que sepan que esta vez mi marido me ha acompañado.
Directora: No se preocupe. Ahora mismo le preparar otra factura, una por el precio de la habitación individual y otra por la diferencia. ¿Está bien así?
Cliente: Se lo agradezco mucho. Perdone las molestias.
Director: Estamos aquí para ayudarle.

Pista 55

Directora del hotel: ¿Has visto los resultados de los cuestionarios del último mes? La opinión de los clientes sobre los servicios de recepción es terrible.
Director de Recursos Humanos: Bueno, es más o menos como la del mes pasado.
Directora del hotel: Eso es. Terrible. Hace tres meses ibas a obligarles a hacer unos cursos de formación sobre satisfacción al cliente.
Director de RR. HH.: Sí, se lo ofrecí, pero no quisieron hacerlo en su tiempo libre, y a mí tampoco me pareció bien hacerlo en el tiempo de trabajo.
Directora del hotel: En conclusión, si no funcionan y no quieren reciclarse, ni mejorar, habrá que cambiar de personal, ¿no?
Director de RR. HH.: Sí, pero ya sabes que es muy difícil encontrar personal cualificado en temporada alta. Especialmente, si consideramos los sueldos que pagamos nosotros. En cuanto pueden, los buenos se van a otro hotel. Ya te lo he dicho muchas veces, se reduce todo a un problema de sueldo.
Directora del hotel: Nuestros empleados no cobran ni más ni menos que los de otros hoteles de cuatro estrellas.
Director de RR. HH.: Sí, pero trabajan por cuatro. Tú sabes que están haciendo muchas horas extra y no reciben ningún sobresueldo.
Directora del hotel: Pues hay que valorarlo y darles un plus. Así estarán más motivados.

UNIDAD 9

Pista 56

Tomeu: En el desayuno tenemos que poner zumo de naranja y ensaimada. ¿Alguna cosa más?
Margalida: Sí claro, podemos poner café y churros, que es un

Ciento sesenta y cinco • 165

Bienvenidos de nuevo

desayuno muy español. ¡Ah! y no te olvides del pan con tomate que es muy importante en esta tierra.
T: Por supuesto. Yo creo que para la comida tenemos que ofrecer una buena paella además de otros platos típicos como el pisto.
M: ¿Quieres decir nuestro "tumbet"?
T: Sí, sí, eso.
M: ¿Qué te parece si ponemos otros platos típicos españoles como la fabada y el cocido?
M: Muy bien; pero, además de la comida casera, podíamos poner cosas más sencillas.
M: Sí, sí, algún pescado como merluza o salmón.
T: Sí, algo así. Buena idea. Un pescado a la plancha o al horno.
M: Perfecto, pero no podemos olvidar la tortilla de patatas.
T: Claro. Para la cena podemos ofrecer croquetas y otros entremeses como jamón serrano o queso manchego.
M: Sí, y alguna ensalada.
T: Una ensalada mediterránea, por ejemplo, con atún y aceitunas negras.
¿Y para decorar el comedor?
M: Podemos poner fotos de platos españoles típicos de cada región en las paredes. Y también estoy pensando en poner en las mesas del comedor unas hojas con las recetas de los platos que preparamos.

Pista 57

María: Antonio, tenemos que ir al supermercado.
Antonio: Sí, ya he visto que no tenemos nada en la nevera. ¿Vamos ahora mismo?
María: Sí, pero vamos a hacer una lista con las cosas que tenemos que comprar para no olvidar nada.
Antonio: Vale, voy por el papel y el boli.
María: A ver, apunta. Necesitamos naranjas. No queda ninguna.
Antonio: ¿Dos kilos serán suficientes?
María: No, mejor tres. Utilizamos muchas naranjas para el zumo del desayuno.
Antonio: ¿Manzanas y peras?
María: Mmm, manzanas sí, peras no. Tengo que hacer un pastel de manzana y necesito 5 manzanas.
Antonio: ¿Compramos fresas?
María: Sí, una caja de dos kilos. A los niños les gustan mucho con nata.
Antonio: ¿Algo más de la frutería?
María: Sí, una lechuga, dos tomates pequeños y un pepino. Esta noche vamos a cenar ensalada.
Antonio: Tenemos que ir también a la carnicería.
María: Sí. A ver, apunta. Esta semana quiero hacer un guiso de pollo así que necesitamos unos muslitos de pollo.
Antonio: ¿Cuántos tenemos que comprar?
María: Pues dos muslitos por persona así que 8 muslitos. Bueno, mejor 10 por si alguien quiere repetir.
Antonio: ¿Pechugas de pollo también?
María: Sí, un par de pechugas de pollo en filetes.
Antonio: Vale. ¿Filetes de ternera tenemos?
María: No, apunta 1 kilo de filetes de ternera. Y también unas chuletillas de cordero para la barbacoa del domingo.
Antonio: ¿Cuántas?
María: Pues un kilo y medio porque vamos a ser muchas personas.
Antonio: Muy bien.
María: También tenemos que pasar por la pescadería.
Antonio: Sí, me apetece mucho tomar unas sardinas.
María: Vale, pues compramos un kilo. Y una merluza en filetes, para ponerla rebozada.
Antonio: No olvides las gambas para la paella.
María: Sí, es verdad, medio kilo.
Antonio: Perfecto. ¿Algo más?
María: Creo que no.
Antonio: Pues vamos entonces.

Pista 58

Mujer: Tengo que preparar la tortilla ahora mismo. Ya son las 12.
Hombre: Espera un poco, seguro que no vienen hasta las tres; ya sabes que siempre llegan tarde.
Mujer: No, me han prometido estar aquí a las dos en punto y no tengo ganas de ponerme a cocinar delante de ellos.
Hombre: Bueno, pues si quieres, te ayudo y mientras tú haces la tortilla, yo preparo la ensalada.
Mujer: Muchas gracias. Ana me dijo que ellos iban a traer el postre.
Hombre: Estupendo. ¿Qué postre van a traer?
Mujer: Tarta de queso.
Hombre: Mmm ¡Qué buena!

Pista 59

Para preparar guacamole, necesitamos los siguientes ingredientes: tres o cuatro aguacates, un tomate, media cebolla, sal pimienta, limón o lima, cilantro cortado, queso blanco y salsa verde.

Para hacer la salsa verde se necesitan dos o tres tomates verdes, un poco de cebolla y chiles serranos.

Primero vamos a pelar los aguacates y machacarlos con un tenedor.

Después tenemos que mezclar la pasta de aguacates con zumo de limón y añadir el tomate rojo en dados, la cebolla cortada fina y el cilantro, la salsa verde, sal y pimienta.

Lo ponemos en un plato y, si se desea, se puede decorar con el queso fresco picado.

Pista 60

■ ¿Qué hacemos esta noche? ¿Os apetece ir a cenar?
● Buena idea, podríamos ir a cenar algo y después salir a bailar un rato.
▲ ¿Conocéis algún sitio que esté bien y que no sea muy caro?
● Por esta zona hay varios restaurantes. Me han recomendado uno de ellos, un restaurante italiano, la Góndola, que tiene platos típicos.
▲ Me encanta la pizza. Puede ser una buena opción.
■ Mirad, en esta revista de ocio anuncian la apertura de un restaurante nuevo aquí al lado.
▲ ¿Sí? ¿Cómo se llama?
■ La sirena
▲ ¿Qué tipo de restaurante es? ¿Es una marisquería?
■ No exactamente. Dice que son especialistas en pescados y mariscos. Es un restaurante gallego.
▲ ¿Entonces no hay carne?
■ Sí, también. En Galicia hay muy buenas carnes. Aunque la especialidad del chef son los pescados.
▲ Genial. Es muy variado entonces.
■ Sí, la verdad es que tiene cosas para todos los gustos.
● Pero a lo mejor es un poco caro, ¿no?
■ En el anuncio dice que tienen menús. Mira, también dice que tienen parrilladas de pescado y de marisco por 20 euros por persona.
▲ ¿Pero eso incluye la bebida?
■ Mmm, a ver. Sí, bebida, postre y pan están incluidos.
● ¿Y qué más dice el anuncio?
■ Dice que es cocina tradicional. Viene una pequeña carta y dice que su plato estrella es la dorada. A la sal, a la plancha, a la brasa…
▲ Qué buena.
■ También dice que hoy habrá regalos y precios especiales por la inauguración.

Pista 61

A mí no me gustaba el Derecho así que siempre suspendía. Mi padre quiso darme una lección y me buscó un trabajo duro para el verano. Así es como entré como pinche de cocina de un restaurante de lujo. Era duro; pelé no sé cuántos millones de patatas y cebollas, pero descubrí una profesión de la que me enamoré.

En vez de seguir con el derecho, aprendí entre fogones todo lo que pude. En solo dos años pasé a cocinero y después cambié a ser tercero en el restaurante indio más lujoso de España. Pasé a segundo y a primero, pero me fui porque ya me aburría de tanta comida india.

Estuve dos años en Tokio trabajando en el restaurante español del Hotel Menji-Hui. Allí, además de preparar platos españoles como la paella o el gazpacho, aprendí de mis compañeros japoneses el arte de cortar el pescado y hacer sushi y sashimi. También aprendí japonés y mejoré bastante mi inglés, lo que me valió mucho para conseguir mi siguiente contrato, como chef del restaurante del Plaza en Nueva York.

Me gustaba mucho este trabajo, pero no tenía prácticamente ningún tiempo libre. Desde ir a comprar por la mañana, hasta cerrar pasadas las 12 de la noche, yo tenía que supervisar todo para que nadie cometiera errores. Después de tres años no podía aguantar ese ritmo. No sabía qué hacer, mi sueldo era mucho mayor que el de los brókers de Wall Street, pero me sentía cansado y necesitaba cambiar.

La ventaja de este trabajo es que, si eres bueno, te llaman de cualquier parte del mundo, así que decidí ir a Dubái con un contrato económicamente similar al de Nueva York, pero con un trabajo más relajado.

Cuatro días de trabajo y tres de vacaciones. Yo estaba muy contento, pero a mi mujer y a mis hijos no les gustaba el ambiente. El clima era muy extremo y mi mujer no podía ir libremente a donde quisiera. En fin, decidimos volver a España. Como yo tenía bastantes ahorros, abrí mi propio restaurante de fusión japonesa-española y me va realmente bien. Cocino yo mismo, pero tengo unos buenos ayudantes en los que puedo confiar plenamente. Mi mujer va al mercado y trae productos de una gran calidad.

Me ha ayudado mucho que me haya llamado la televisión para dar recetas los jueves a las amas de casa. Mucha más gente viene a mi restaurante y hasta me piden autógrafos. Voy a hacer un vídeo con las recetas y fichas para vender a una revista femenina.

REPASO III

Pista 62

Cliente: Buenos días. ¿Me puede cambiar dólares a euros?
Cajero: Sí, claro. ¿Cuánto quiere cambiar?
Cliente: Unos 300 dólares. ¿Es posible?
Cajero: Sí, sí, podemos cambiar hasta un máximo de 500 euros.
Cliente: ¿Cuál es el cambio?
Cajero: Un dólar es 1,234 euros.
Cliente: De acuerdo. Entonces cambiaré 350 dólares.
Cajero: ¿Me permite su pasaporte?
Cliente: Claro, tome.
Cajero: Muy bien, aquí tiene sus euros.
Cliente: Perdone, no lo entiendo. Me ha dado mal el cambio. Faltan cinco euros.
Cajero: No, está bien. El cambio tiene una comisión de cinco euros.
Cliente: Vale, de acuerdo. Gracias.

Pista 63

1) En Trujillo, o "Turgalium", vivieron romanos, visigodos, y musulmanes. Permanecieron allí durante más de 500 años. En 1232, el rey Fernando III la reconquistó.

Trujillo es famosa en la historia por ser la ciudad del descubridor Francisco Pizarro, uno de los conquistadores de América. Gracias a personajes como él y a la gran fortuna que obtuvieron, la ciudad creció mucho a partir del siglo XVI.

Trujillo es una de las ciudades más hermosas de Extremadura gracias a las construcciones de esta época. En la plaza Mayor las familias más nobles y ricas tenían su casa. Esta plaza era, y sigue siendo, el centro de la ciudad, donde se celebran mercados al aire libre, espectáculos, etcétera.

2) Buenos días señores, bienvenidos a Buenos Aires. Les vamos a explicar cómo vamos a organizar esta semana de estancia en Argentina, en la que podrán combinar el turismo urbano y el esquí.

Ahora les llevaremos al hotel Sheraton en Buenos Aires, donde podrán descansar y tener tiempo libre hasta mañana. Mañana martes, después de desayunar, el autocar les esperará en el hotel a las diez para visitar la Plaza de Mayo, la Casa Rosada, el Barrio de la Boca, y el residencial Barrio de Palermo donde podrán bajar para dar un paseo por sus magníficos parques. Por la tarde, pueden descansar en el hotel. El miércoles es un día libre, pero aquellos que lo deseen, podrán realizar la excursión opcional a Tigre y Delta del Paraná.

El jueves después de desayunar, les trasladaremos al aeropuerto para que tomen el vuelo a Bariloche. Allí les recibirán y trasladarán al hotel previsto. El viernes podrán optar por ir a esquiar, o de excursión. Esta excursión dura todo el día al Circuito Chico, donde pueden ver el Cerro Otto, Cerro Campanario, Lago Nahuel Huapi, Laguna El Trébol y Lago Moreno. El sábado y el domingo tienen tiempo libre para esquiar y el lunes por la mañana les recogeremos a las once para regresar al aeropuerto.

3) Esta playa del Sardinero fue una de las más famosas de España en el S. XIX, gracias a los llamados baños de ola que solucionaban muchas enfermedades: asma, depresiones, problemas circulatorios, etc. La fama de Santander aumentó aún más cuando la nobleza decidió pasar sus vacaciones en esta ciudad. A partir de entonces, se construyeron numerosos balnearios, hoteles y otras atracciones turísticas.

En 1912 Santander regala al rey Alfonso XIII, casado con Victoria Eugenia, el Palacio de Verano de la Magdalena. La familia real española empieza a pasar entonces los veranos en esta ciudad y la playa del Sardinero se convierte en una playa conocida internacionalmente.

Actualmente el ayuntamiento sigue celebrando en verano los Baños de Ola, para ofrecer al turista de playa algo diferente, no masificado, en la que el ocio se combina con la cultura. En el Palacio de la Magdalena se celebran los cursos de verano de la Universidad Internacional Menéndez Pelayo que atraen a estudiosos de todo el mundo.

Pista 64

Lave las siguientes hortalizas: un kilo de tomates maduros, un pimiento verde y un pepino mediano.

Trocee las verduras. Pele una cebolla y un diente de ajo. Ponga en la batidora los trozos de tomates, pimiento, pepino, junto con la cebolla y el ajo.

Añada media barra de pan, medio vasito de aceite de oliva y un chorrito de vinagre. Bata hasta obtener una crema fina.

Añada sal y pimienta al gusto.

Si lo desea, filtre el gazpacho para obtener un caldo más fino.

Guarde el gazpacho en la nevera durante al menos dos horas y sírvase refrigerado.

Pista 65

Cliente: Perdone, ¿nos puede traer otra botella de vino?
Camarero: Sí, señor, ¿quieren también agua?
Cliente: No, gracias.
Camarero: ¿Quieren los señores alguna cosa más?
Cliente: No, gracias, no nos hace falta. Por el momento tenemos bastante comida y bebida.

Bienvenidos de nuevo

Niño: Papá, yo quiero más patatas fritas.
Cliente: No, no has comido la carne.
Niño: Pero papá, las patatas fritas me encantan.
Cliente: No quiero oír ninguna queja. Has comido todo lo que has querido y más. ¡Ya está bien!

Pista 66

¡Hola chicos!
Acabo de llegar de mis vacaciones en Ibiza. ¡Es muy bonita! He visitado muchos lugares y he ido a muchas playas preciosas. Salí de viaje el martes pasado y he estado cinco días, hasta hoy.

En Ibiza puedes hacer muchas cosas. Había muchas atracciones turísticas y mucho ambiente. También era ideal para practicar deportes acuáticos. Un día hice submarinismo.
Por la mañana iba a las calas, cada día a una diferente. Me llevaba un bocadillo y comía allí mismo. Por la tarde volvía al hotel a descansar un rato y después salía a conocer los paisajes de la isla. Por la noche, normalmente me quedaba en el hotel, pero también salí un par de noches para conocer los bares y los sitios de marcha.
Ayer cogí un barco y fui a pasar el día a la isla de Formentera. Es muy bonita también, pero prefiero Ibiza.
La comida está buenísima. He probado todos los platos típicos. Y la gente muy amable. Ya os contaré…
Un beso,
Alba